Ivo Pfaff

Über den rechtlichen Schutz des wirthschaftlich Schwächeren

in der römischen Kaisergesetzgebung - 3. Heft

Ivo Pfaff

Über den rechtlichen Schutz des wirthschaftlich Schwächeren
in der römischen Kaisergesetzgebung - 3. Heft

ISBN/EAN: 9783743634947

Hergestellt in Europa, USA, Kanada, Australien, Japan

Cover: Foto ©Suzi / pixelio.de

Weitere Bücher finden Sie auf **www.hansebooks.com**

Socialgeschichtliche Forschungen.
Ergänzungshefte zur Zeitschrift für Social- und Wirthschaftsgeschichte

herausgegeben von
Dr. **Stephan Bauer** und Dr. **Ludo Morits Hartmann**
in Brünn. in Wien.

III. Heft.

Über
den rechtlichen Schutz ❋ ❋
des
wirthschaftlich Schwächeren
in der
römischen Kaisergesetzgebung.

Von

Dr. Ivo Pfaff,
kk. a. o. Professor der Rechte an der deutschen Universität Prag.

Weimar 1897.
Verlag von Emil Felber.

Verlag von Emil Felber in Weimar.

Ankündigung.

Socialgeschichtliche Forschungen.

Ergänzungshefte zur
Zeitschrift für Social- und Wirthschaftsgeschichte

Herausgegeben
von
Dr. Stephan Bauer und **Dr. Ludo Moritz Hartmann**
in Brünn in Wien.

Die „Socialgeschichtlichen Forschungen" sollen in zwangloser Anlehnung an die „Zeitschrift für Social- und Wirthschaftsgeschichte" grössere Arbeiten social- und wirthschaftsgeschichtlichen Inhaltes bringen, und theilen den streng wissenschaftlichen Charakter der Zeitschrift. Bilden sie demnach die von den Lesern längst gewünschte Erweiterung der Zeitschrift, deren Mannigfaltigkeit durch den Abdruck grösserer in Fortsetzung erscheinender Abhandlungen beeinträchtigt würde, so ist den Specialforschern durch die Herausgabe der „Forschungen" eine Erleichterung dadurch geboten, dass jedes Heft, das auch an Nichtabonnenten der Zeitschrift einzeln abgegeben wird, ein abgeschlossenes Ganze bildet.

Die drei ersten Hefte enthalten:

Konrad Häbler, Kustos an der Königl. Bibliothek in Dresden, **Die Geschichte der Fugger'schen Handlung in Spanien.** Ladenpreis 5,— Mark. Subskriptionspreis 4,20 Mark.

Gustav Schönfeldt, Beiträge zur Geschichte des Pauperismus und der Prostitution in Hamburg. Ladenpreis 5,— Mark, Subskriptionspreis 4,20 Mark.

Dr. Ivo Pfaff, kk. a. o. Professor der Rechte an der deutschen Universität in Prag. **Über den rechtlichen Schutz des wirtschaftlich Schwächeren in der römischen Kaisergesetzgebung.** Ladenpreis 2,— Mark, Subskriptionspreis 1,70 Mark.

Bei Subskription auf mindestens 6 aufeinanderfolgende Hefte wird ein ermässigter Subskriptionspreis gewährt.

Socialgeschichtliche Forschungen

Ergänzungshefte

zur

Zeitschrift für Social- und Wirthschaftsgeschichte

Herausgegeben

von

Dr. Stephan Bauer und Dr. Ludo Moritz Hartmann

in Brünn   in Wien.

Heft III.

Über den rechtlichen Schutz

des

wirthschaftlich Schwächeren

in der

römischen Kaisergesetzgebung.

Von

Dr. Ivo Pfaff

kk. a. o. Professor der Rechte an der deutschen Universität in Prag.

Weimar 1897.
Verlag von Emil Felber.

Über den rechtlichen Schutz

des

wirthschaftlich Schwächeren

in der

römischen Kaisergesetzgebung.

Von

Dr. Ivo Pfaff,

kk. a. o. Professor der Rechte an der deutschen Universität in Prag.

Weimar 1897.
Verlag von Emil Felber.

Alle Rechte vorbehalten.

I.

Jedem, der sich in das Studium der römischen Kaiserzeit vertieft, wird sich der Gedanke aufdrängen, dass das Leben der damaligen Zeit in vielem unserer Gegenwart nahe verwandt ist. Ja, ich stehe nicht an, zu sagen, dass wir in so manchem dem römischen Leben von damals viel näher stehen, als meistens geglaubt und gelehrt wird[1], und dass wir, was unser Privat-

---

[1] Für die hier vertretene Anschauung siehe Eduard Meyer, Die wirtschaftliche Entwicklung des Altertums in Hildebrands Jahrbüchern, 3. Folge, 9. Bd., S. 700 „Der Untergang des Altertums vollzieht sich keineswegs durch eine vernichtende äussere Umwälzung, sondern durch die innere Zersetzung einer völlig durchgebildeten, ihrem Wesen nach durchaus modernen Cultur, die sich selbst auslebt". Es wird Aufgabe des folgenden sein, dies, wenigstens nach einer Seite hin, näher darzulegen; hier sei — abgesehen von der Übereinstimmung zwischen einst und jetzt bezüglich der so häufigen Auffassung vom Verhältnis des einzelnen zur Gesamtheit — hervorgehoben: Die stark entwickelte Geldwirtschaft, der „Krach" beim Ausbruch des Mithridatischen Aufstandes und des Krieges in Kleinasien, den Cicero de imp. Cnei Pompeji c. 7 schildert, die Immobilienbörse (drbr. Weber, Römische Agrargesch. S. 99, 115, 116), Consumvereine u. dgl. m. Auch Arbeitseinstellungen (Strikes) waren schon dem alten Rom nicht fremd, und wenn uns verhältnismässig wenig davon berichtet wird, so ist dies wohl darauf zurückzuführen, dass einerseits die Quellen in solchen Dingen spärlich fliessen, da nationalökonomisch wichtige Fragen von den auf uns gekommenen Schriftstellern verhältnismässig wenig beachtet wurden, andererseits hat das Vorhandensein von Sklaven viel dazu beigetragen, dass die Arbeitseinstellungen freier Arbeiter seltener gewesen waren. Dafür gehören viele der häufigen Revolten in der familia servorum hieher. [Darüber, dass die Alten in der Volkswirtschaft hinter uns zurückgeblieben sind, siehe Roscher, Über das Verhältnis der Nationalökonomie zum klass. Altertum. 1. Bd. der Schrift. der königl. sächs. Aka-

recht² betrifft, der römischen Kaiserzeit viel verwandter sind, als dem Rechte kurz entschwundener Jahrhunderte³. Dass unser heimisches Recht, unser modernes Recht überhaupt, auf römischer Grundlage beruht, ist eine allbekannte Thatsache; auf diesen Zusammenhang bezieht sich das eben Gesagte nicht⁴.

demie der Wiss. (1849)]. Der Auszug des Plebs auf den mons sacer 492 v. Chr. (Livius II. 32) ist wohl das Vorbild solcher Arbeitseinstellungen gewesen, wenn er auch auf politische Motive zurückzuführen war. Dagegen berichtet uns Livius IX. 30 ausdrücklich von einer Arbeitseinstellung durch die tibicines. Auch von Ovid, Valerius Maximus und Plutarch wird dieselbe erwähnt. Siehe drbr. Preller, Röm. Mythologie S. 282, Mommsen, Röm. Gesch. 4. Aufl. I. Bd. S. 224, Contzen, Gesch. der soz. Frage S. 376, Roscher, Grundlagen der Nat.-Ökon. 17. Aufl. S. 444. Dagegen erklärt Zeller (Eine Arbeitseinstellung in Rom, Festschrift des Heidelberger hist. Vereins 1855 S. 35—49) dieselbe für sagenhaft. Mag er auch bezüglich einzelner Bedenken recht haben, im grossen und ganzen glaube ich, ist sein Zweifel der allgemeinen Überlieferung gegenüber unbegründet, und beweist schon die Art der Darstellung bei Livius, dass ihm solche Vorkommnisse überhaupt nicht fremd gewesen waren. Neuestens Liebmann, Aus dem Vereinswesen im röm. Reiche. Zeitschr. für Kulturgeschichte, Neue (4.) Folge. 1. Bd. hg. v. Steinhausen. S. 119.

² Das Strafrecht der römischen Kaiserzeit, sowie im wesentlichen überhaupt das öffentliche Recht bleibt hier ausser Betrachtung. Was speziell das Strafrecht betrifft, so ist sowohl seine Härte bekannt, als auch dass die Reichen durch Verbannung gestraft wurden, während die Armen den Bestien vorgeworfen wurden. (Vgl. Leonhard, Roms Vergangenheit und Deutschlands Recht, Leipzig 1889. S. 136.) Siehe jedoch auch 1 5 C. Th. 9. 42.

³ Darüber, dass unsere Zeit in Ideen und Interessen lebt, welche denen des Mittelalters vielfach geradezu entgegenlaufen, siehe Giesebrecht, Geschichte der römischen Kaiserzeit. 1. Bd. 3. Aufl. Braunschweig 1863. Vorrede S. 9. Dass sich übrigens auch das ältere deutsche und das moderne Recht berühren, darüber siehe treffende Bemerkungen bei Mataja, Das Recht des Schadenersatzes vom Standpunkt der Nationalökonomie, Leipzig 1888. Es ist jedoch auch nicht zu vergessen, dass der Codex Austriacus zahlreiche soziale Gesichtspunkte enthält, die sich den uns heute bewegenden Fragen analog zur Seite stellen lassen. Siehe drbr. Bärnreither in der Zeitschr. für Volkswirtschaft, Sozialpolitik und Verwaltung. Bd. 1. S. 12.

⁴ Auch an jene Nachwirkungen römischer Urzeit, an jenen unzerreissbaren Zusammenhang zwischen der Vergangenheit Roms und dem

Was ich damit sagen will, ist vielmehr dies, dass sich an vielen Stellen geradezu überraschende Ähnlichkeiten zwischen der römischen Rechtsentwicklung in ihren Resultaten und in ihren Motiven und dem heutigen Rechtszustande finden, ohne dass wir deshalb in diesen Fragen auf den Schultern der Römer stehen. Um ein in die Augen springendes Beispiel zu erwähnen, erinnern die Bestimmungen des Codex Justinianus bezüglich des Handelns in fraudem creditorum auf Schritt und Tritt an das, was moderne Anfechtungsgesetze anordnen [5]. Und es ist eine solche Ähnlichkeit auch gar nicht verwunderlich [6].

Geistesleben der Gegenwart, welchen Leonhard in seinem obcitierten, anregenden Buche vielfach hervorhebt, ist dabei nicht gedacht.

[5] Ein weiteres Beispiel: „Der Mangel der Realexekution und die Interessenliquidation nach vorhergehendem Präjudizialbescheid, eine Prozedur, welche dem klagenden Eigentümer statt des Grundstückes, welches er verlangte, nur dessen in Geld ausgedrückten Verkehrswert gab, haben eine offenbare Ähnlichkeit mit der Differenzliquidation im Zwangsverfahren heutiger Börsenordnungen" (Weber a. a. O. S. 69, 70).

[6] Tritt doch eine solche auch auf anderen Gebieten, selbst auf dem der Moral hervor, wie dies Hilty, Glück. 5. Aufl. 1894 treffend ausführt: „Eine gewisse Durchschnittsmoral, die auf einer allgemeinen Zivilisation und einem geordneten Rechtszustand beruht, ist an Stelle der innerlichen Sittlichkeit getreten, wie dies in den ersten Jahrhunderten des römischen Kaiserreiches der Fall war, und es giebt auch jetzt, wie damals, zahlreiche Gebildete, die gerade darin den Fortschritt einer allgemeinen Kultur über einseitige oder beschränkte Anschauungen erblicken." — „Eine gewisse, gefährliche Halbbildung erstreckte sich gleichmässig über Arme und Reiche, die zwei einzigen damaligen und stets unverwüstlichen Standesunterschiede." Hellwald, Kulturgesch. in ihrer natürlichen Entwicklung. Augsburg 1875. S. 398. Siehe auch Lange, Gesch. des Materialismus. 4. Aufl. Iserlohn 1882. S. 124. Auch Ratzinger, Die Volkswirtschaft in ihren sittlichen Grundlagen. 2. Aufl. Freiburg im Br. 1895. S. 577 betont die Ähnlichkeit zwischen dem alten Rom und den heutigen Verhältnissen. Dass im Rom der späteren Kaiserzeit das Virtuosentum eine Rolle gespielt hat, ähnlich der in unseren heutigen Tagen, ist bekannt. Drbr. Burckhardt. Die Zeit Konstantins des Grossen. Leipzig 1880. S. 361.
— Was die Kunst der spätrömischen Zeit betrifft, so ist es sicher, dass die dargestellten Gestalten dem Schönheitsideal keineswegs entsprachen; über die Produkte der römischen Kaiserzeit siehe auch Winkelmann, Geschichte der Kunst des Altertums, Ausgabe Heidelberg 1882. S. 284; man

Auf ähnlichen Kulturstufen werden ähnliche Bestimmungen immerdar zur Notwendigkeit werden. — Es kann jedoch nicht Aufgabe dieser Untersuchung sein, im einzelnen nachzuweisen, wie nahe unser Rechtsleben dem der römischen Kaiserzeit verwandt ist; das kann nur eine umfassende Rechts- und Kulturgeschichte leisten [7]. Uns soll im Nachstehenden bloss ein verschwindender Teil jener grossen Frage beschäftigen und zwar gerade jener Teil, welcher vielen von vorneherein bezüglich der Ähnlichkeit als der unwahrscheinlichste erscheinen dürfte: nämlich die Frage nach dem rechtlichen Schutze des wirt-

---

spricht mit Recht von einem raschen Verfall der Kunst nach der trajanisch-hadrianischen Zeit. Wenn man aber aus solchen Darstellungen den Schluss ziehen will, dass damals eine physische Entartung geherrscht habe, so scheint mir der Schluss hieraus keineswegs zwingend. Es kann sehr wohl der Fall gewesen sein, dass auch damals, wie heute, die Kunst mehr auf Darstellung des Charakteristischen, wenn auch nicht Schönen, gerichtet gewesen. (Darüber, dass die Kunst der Kaiserzeit sich mit dem Nachahmen überlieferter Vorbilder begnügte, dass sie jedoch in ihren Porträts sehr lebensvoll und charakteristisch gewesen, siehe Seeck, Geschichte des Untergangs der antiken Welt. 1. Bd. Berlin 1895. S. 279). Anderer Ansicht, doch ohne überzeugende Gründe Burckhardt, Die Zeit Constantins des Grossen. S. 255; was die Quellen über diese Zeit anbelangt, so spricht der von Burckhardt zitierte Dio Chrysost. Orat. XXI. p. 269 seq. bloss von einer Abnahme der männlichen Schönheit, dagegen von einer Zunahme der weiblichen. — Bezüglich der in der römischen Kaiserzeit neben dem Stoizismus vertretenen materialistischen Philosophie Epikurs verweise ich auf die schönen Ausführungen von Lange, Gesch. des Materialismus. 4. Aufl. S. 97 ff., der hervorhebt, dass in jenen Zeiten der „sogenannte praktische Materialismus, der Materialismus des Lebens" in voller Blüte stand (S. 125). Dass im Rom der Kaiserzeit bei der herrschenden pessimistischen Weltauffassung die Selbstmorde eine überaus häufige Erscheinung waren, braucht wohl nicht erst nachgewiesen zu werden. Lebensüberdruss und Selbstmord waren damals allgemein. Wie generell heutzutage in den zivilisierten Ländern die Selbstmordneigung auftritt, darüber siehe Masaryk, Der Selbstmord als soziale Massenerscheinung der modernen Zivilisation. Wien 1881. S. 140.

[7] Darüber, dass die Rechtsgeschichte nur eine Seite der allgemeinen Kulturgeschichte ist, sieh Bruns in Holtzendorffs Enzyklopädie 2. Aufl. 1. Bd. S. 76 und Bremer, Geschichte des röm. Rechts unter Vergleichung des deutschen. 1. Abt. Strassburg 1876. Vorwort.

schaftlich Schwächern, die Frage also, ob sich im römischen Rechte der Kaiserzeit Analogien zu jenen Bestrebungen finden, welche unsere Gegenwart so lebhaft beschäftigen⁸. Bekannt ist Thibaut's abfälliges Urteil über das kaiserliche Konstitutionen-

⁸ Schäffle, Kapitalismus und Sozialismus. Tübingen 1870. S. 140 ff. hebt treffend die Ähnlichkeit mit modernen Verhältnissen bezüglich der agrarischen Bewegungen im alten Rom hervor. „Um so schlagender ist die Ähnlichkeit des älteren agrarischen Sozialismus z. B. der Gracchen, mit agrarischen Agitationen, wie sie in unserem Jahrhundert beispielsweise Irland und England durchzucken. Der gracchische, wie der irische Jammer ergiesst sich gegen die Latifundien ..." „Überhaupt verdienen Plutarchs Parallelbiographien ... über Tiberius und Caius Gracchus heutzutage studiert zu werden. Fast aus jeder Zeile springt eine moderne Gestalt, ein neuzeitliches Schlagwort hervor." Bücher, Die Aufstände der unfreien Arbeiter 143—129 v. Chr. Frankfurt a. M. 1874. S. 132. „Wie verwandt jene antike Wirtschaftsepoche der unsern ist, wie nahe insbesondere das unfreie Arbeitsverhältnis dem „ehernen Lohngesetz" steht, wie die durch Erpressungen der Provinzialverwaltung und das Steuerpachtsystem hervorgebrachte kolossale Güteranhäufung, wirtschaftlich und sittlich dem durch das Grossschuldenunwesen und den Aktienschwindel emporgetriebenen Börsenspiele gleich zu achten ist, das hätte sich noch des weiteren ausführen lassen ..." Siehe auch Roscher, Grundlagen der Nation.-Ökon. 17. Aufl. S. 177 und die dortselbst Citierten, woselbst sich auch erwähnt findet, wie häufig sich bei römischen Dichtern der Kaiserzeit die Sehnsucht ausspricht, in wirtschaftlichen Dingen zur rohesten Urzeit ohne Geld, ohne Reichtum zurückzukehren. — Wider die eben erwähnten Ansichten Scheel, Die wirtschaftlichen Grundbegriffe im corpus jur. civ. (6. Bd. der Jahrbücher für Nationalökonomie S. 344 Anm. 72); für die hier vertretene Anschauung siehe noch Arnold, Recht und Wirtschaft nach geschichtlicher Ansicht, Basel 1863. S. 85, Büchner, Das goldene Zeitalter oder das Leben vor der Geschichte. Berlin 1891 S. 1 ff. und Bösch, Die Entwicklungstheoretische Idee sozialer Gerechtigkeit. Zürich 1896. 8. 1. „Ein Blick in das Geistesleben der unteren Volksmassen in grossen Städten begegnet heute einer ganz ähnlichen Erscheinung, wie im zweiten und dritten Jahrhundert unserer Zeitrechnung. In Rom ... war damals das Proletariat mit den Hoffnungen des Chiliasmus erfüllt. Den Weltzuständen, unter denen diese proletarischen Massen seufzten, stand nach dem Glauben derselben ein nahes und jähes Ende bevor ... Eine solche über die bestehende Wirklichkeit sich erhebende und in eine andere Welt sich versetzende Stimmung beherrscht heute auch die Versammlungen des organisierten sozialdemokratischen Proletariats ..."

recht[9]; ist es auch vom Standpunkt der juristischen Logik in vielen Punkten beifallswürdig, heute werden wir uns doch nicht mehr dem Gedanken verschliessen können, dass manches als ein lebensfähiger Keim zu künftiger Rechtsbildung bezeichnet werden muss, was uns nur in der Gestalt, die es damals erhalten, als unpassend aufgepfropftes Reis, missfällt[10]. Und gerade in diesem Sinne, dass durch die römische Kaisergesetzgebung ein neuer staatssozialistischer Zug weht, ein Bestreben den wirtschaftlich Schwächeren zu schützen, besteht eine der vornehmsten Ähnlichkeiten zwischen einst und heute. — Diese Richtung der Kaisergesetzgebung auf den Schutz des wirtschaftlich Schwächeren ist denn auch in der Litteratur nicht unbeachtet geblieben, wenngleich sie nur ganz im allgemeinen anerkannt zu werden pflegt. Ich verweise in dieser Richtung auf Rodbertus[11], Nitzsch[12], Gierke[13] und neuestens Steinbach[14]. Gierke betont den Individualismus des römischen Rechtes und lehrt bezüglich des uns interessirenden Punktes: „Wohl suchte die Kaisergesetzgebung durch mancherlei sinnreich erdachte Mittel die entfesselte Selbstsucht zu bändigen, den Schutz des Schwachen gegen den Starken nachzu-

---

[9] Civilistische Abhandlungen, Heidelberg 1814. S. 417. „Was hilft uns auch alle Weisheit der Klassiker, da ihre Ideen nicht rein auf uns gekommen sind, da die späteren kaiserlichen Konstitutionen fast jede einzelne Rechtslehre misshandelt und verbildet haben und da nun das Ganze als ein wahrhaft grässliches Gemisch kluger und toller, konsequenter und inkonsequenter Bestimmungen vor uns liegt." Siehe auch ebendaselbst S. 420 u. 433.

[10] Siehe auch Jherings Urteil über die Leistungen der Kaisergesetzgebung: Grund des Besitzesschutzes. 2. Aufl. Jena 1869. S. 125 ff. und Schuldmoment im röm. Privatrecht. Giessen 1867. S. 58.

[11] Zur Geschichte der röm. Tributsteuern seit Augustus, im 5. Bd. der Jahrbücher für Nationalökonomie u. Statistik hgg. von Hildebrand. Jena 1865. S. 290 ff. Siehe auch denselben ebendaselbst Jahrg. 1864. S. 263 und 267.

[12] Die Gracchen und ihre nächsten Vorgänger S. 436 und Vorrede.

[13] Die soziale Aufgabe des Privatrechts. Berlin 1889.

[14] Erwerb und Beruf. Wien 1896. S. 3 ff.

holen, die gelockerten Bande der Familie neu zu festigen. Allein mit dem Grundgedanken des alten Privatrechts konnte und wollte sie nicht brechen. — Auch heute kann und will der Staat nicht mit dem Grundgedanken des bestehenden Rechtssystems brechen, auch heute will er den utopischen, sozialistischen Strömungen nicht nachgeben, sondern, was er will, weil er es als ein Postulat der Gerechtigkeit und Billigkeit erkannt hat, ist der Schutz des wirtschaftlich Schwächeren durch die Gesetzgebung selbst[15]. Abgesehen von derartigen vereinzelten Bemerkungen genereller Natur[16], die bezüglich der Tendenz der Gesetzgebung eine Ähnlichkeit zwischen heute und den Zeiten des Prinzipates und Dominates hervorheben, ist bekanntlich das Urteil von Juristen und Nationalökonomen über die Gesetzgebung der späteren Kaiserzeit ein auffallend hartes. Ich verweise beispielsweise auf Puchta[17], Kuntze[18], Jhering[19],

---

[15] Siehe auch Wilmanns, Die Reception des röm. Rechtes und die soziale Frage der Gegenwart. 2. Aufl. S. 56.

[16] Bezüglich eines vereinzelten Punktes, der allerdings ganz besonders in die Augen springt, hebt Roscher (Über das Verhältnis der Nationalökonomie zum klassischen Altertum, I. Bd. der Berichte über die Verhandl. der k. sächs. Gesellschaft der Wissenschaften 1849) die Ähnlichkeit zwischen einst und jetzt in dieser Beziehung hervor. „Deren (i. e. der Schuldgesetze) Entwicklung hat bei den Griechen wie Römern die merkwürdigste Ähnlichkeit mit der entsprechenden Gesetzgebung der neueren Völker, nämlich was ihre Abwandlung von der Strenge zur Milde und wiederum zu neuer Strenge betrifft." Siehe auch die allgemein gehaltenen Bemerkungen Roschers a. a. O. S. 121. — Und bezüglich eines anderen Punktes siehe Holzschuher, Die materielle Not der unteren Volksklassen und ihre Ursachen. Augsburg 1850. S. 9. „Die Zeiten der Kaiser von Augustus an bis zum Sturze des weströmischen Reiches sind allerdings merkwürdig durch Anlage von Kolonien, dann durch die polizeilichen Vorkehrungen für den Teil der Bevölkerung, der sich durch den Ruf: panem et circenses charakterisierte, ein Ruf, der sich auch im 19. Jahrhundert häufig vernehmen lässt und Anlass giebt, ein und die anderen analogen Schlüsse zu ziehen, d. h. sich den Puls zu fühlen."

[17] Institutionen § 130.

[18] Kursus § 65.

[19] Der Kampf ums Recht. 3. Aufl. S. 108, auch 10. Aufl. S. 83.

Endemann[20], Gans[21], Schmidt[22] u. a. m. Diese Urteile, welche übrigens zum Teil blos von einzelnen Bestimmungen spätrömischer Gesetzgebung ausgehen, sind vom Standpunkt juristischer Logik und Konsequenz gewiss zu billigen. Sicher ist es richtig, dass hier ein „Konglomerat unfertiger Experimente" vorliege; niemand wird leugnen können, dass auf fertige Rechtsinstitute Dinge hinaufgepfropft wurden, die zu dem vorhandenen Ganzen nicht passen. Gewiss könnte man diese Zeit des spätrömischen Kaisertums als eine Zeit des Verfalles des alten römischen Rechtes bezeichnen: aber man muss doch bei der Beurteilung der Erscheinungen in dieser Periode der Gesetzgebung auch das eine bedenken:

Wäre der Bau des Staates unter dem Ansturm der Barbaren nicht zu Grunde gegangen, so hätte sich aus manchen Ansätzen neuer Rechtsbildung ein neues Recht ganz gut entwickeln können, ein Recht, das den geänderten Verhältnissen völlig Rechnung getragen hätte. Allein Zeit und Umstände waren dem Beginne einer neuen Rechtsbildung nicht so günstig, wie das in jener Zeit der Fall gewesen war, wo die freien Forderungen und Ansichten des jus gentium durch die Kunst der römischen Juristen im Verkehr des Lebens immer mehr Geltung gewannen, indem sie mit dem alten Rechte in organische Verbindung gebracht wurden, ohne die Grundlagen des römischen Rechtes preiszugeben, ohne den Geist des alten Rechtes zu verleugnen. Solche Pflege fanden die neuen Sätze des Kaiserrechtes, welche die hart bedrückten, wirtschaftlich Schwächeren begünstigen sollten, nicht; sie wurden nicht organisch in den Bau des

---

[20] Hildebrands Jahrbücher (1863). Note 314.
[21] Gans Erbrecht. I. Bd., Berlin 1824, S. 8, Anm. 3. „Der Verfall dieser Zeit, wovon jenes Privatrecht eine rühmliche Ausnahme machen soll, erweist sich gerade nirgends stärker, als in demselben." Vergl. noch S. 18, Anm. 9.
[22] Der prinzipielle Unterschied zwischen dem römischen und germanischen Recht. I. Bd., Rostok und Schwerin 1853, S. 27.

Rechtes eingefügt; sie mochten das einzelne Institut, dem sie galten, praktisch verbessern, seine Härten mildern, sie konnten aber nicht befruchtend und umwandelnd auf das Recht in seiner Totalität wirken. Und dass es bei einzelnen Ansätzen blieb, dass nicht die ganze Rechtsordnung von der neuen Richtung durchtränkt war, war allerdings für den Staat ein Unglück. Die Römer selbst wurden Rom entfremdet, sie verloren Liebe und Interesse [23] an einem Gemeinwesen, das den sozialen Bedürfnissen nur da und dort entgegenkam; und als die spätere Kaiserzeit systematischer vorzugehen begann, war es bereits zu spät, der richtige Zeitpunkt zur inneren Erstarkung war wenigstens gegenüber den äusseren Feinden versäumt: „Wie sehr die plutokratische proletarische Spaltung im späteren Römerreiche die Völkerwanderung und infolge davon die Barbarenherrschaft gefördert hat, ersieht man namentlich aus dem siebenten Buche von Salvians Werke über die Regierung Gottes".[24]

7. „Die Hilfsquellen des Staates wurden infolge der schlechten Lage seiner Unterthanen geringer und die Unterthanen selbst widerstrebten diesem Staate. Der wirtschaftliche Niedergang, die Ungerechtigkeit der Verteilung der Güter liessen das Interesse der Unterthanen erlahmen, vernichteten die Widerstandskraft des Staates und führten dessen Untergang herbei."[25] Wäre

---

[23] Bekannt ist die Erzählung von dem griechischen Gefangenen, den Priskus am Hofe Attilas traf und der sein jetziges Leben, als zwar strapazenreiches, jedoch als viel glücklicheres bezeichnete, weil man hier nicht von schlechten Beamten, hartem Druck der Reichen gegen die Armen zu leiden habe. Siehe Roscher Politik S. 519 und auch Hartmann, im Archiv für soz. Gesetzgebung und Statistik. II. Bd. S. 496.

[24] Worte Roschers Politik. S. 519.

[25] Hartmann, Archiv für soz. Gesetzgebung etc. S. 496. Siehe auch Seeck, Geschichte des Unterganges der antiken Welt. Berlin 1895. I. Bd. S. 318 ff., der den zunehmenden Menschenmangel hinwiederum als die eigentliche Ursache des Unterganges des römischen Reiches angesehen wissen will. Vgl. auch v. Inama, Deutsche Wirtschaftsgeschichte. I. Bd. S. 485.

Gesetzgebung und Verwaltung hier früher eingeschritten, so wären die traurigen Folgen wenigstens für lange Zeit hinausgeschoben worden. So aber ging Rom unter an dem, was die seinerzeitige grosse Blüte der Rechtswissenschaft mit begünstigt hat, an dem zähen Konservativismus, am Festhalten an den bestehenden Grundlagen des Rechtes.

Wie immer man aber über die Erfolge dieser späteren Kaisergesetzgebung urteilen mag, wie viele ihrer Anregungen auf Versuche mit untauglichen Mitteln hinausgelaufen sein mögen -- die Absicht, die Ziele, die sie anstrebte, waren im allgemeinen löblich[26] und gerade in dieser Hinsicht besteht eine Ähnlichkeit mit den zum Schutze des wirtschaftlich Schwächeren heutzutage erlassenen Gesetzen. Und deshalb scheint mir eine nähere, mehr auf die Einzelheiten eingehende Untersuchung der einschlägigen spätkaiserlichen Bestimmungen (die bisher noch nicht unternommen wurde), von auch actuellem Interesse. M. a. W. aus den, wenngleich verfehlten Versuchen der römischen Kaisergesetzgebung kann die heutige Zeit doch vielleicht hier und da einige Belehrung schöpfen.[27]

II.

Die Untersuchung der Frage, inwiefern sich in der römischen Kaisergesetzgebung das findet, was man den rechtlichen Schutz des wirtschaftlich Schwächeren zu nennen pflegt, ver-

---

[26] Bezüglich der Bewegung wider den Wucher bemerkt Leonhard Roms Vergangenheit, S. 184: „... die leidenschaftliche Bewegung gegen den Wucher, welche .... sich in weiten Kreisen unseres Vaterlandes entwickelt und Beachtung gefunden hat, beweist, dass die byzantinischen Kaiser auch hier nur in ihren Mitteln, nicht in ihren Zielen fehlgegriffen haben. (Hartmann Archiv für civ. Prax. Bd. 73 S. 353—56)."

[27] Denn dass die wirtschaftlichen Probleme, welche die alte Geschichte bewegten, auch für unsere Gegenwart Bedeutung haben, ist wohl ausser Frage. So auch E. Meyer, Die wirtschaftliche Entwicklung des Altertums, in Hildebrands Jahrbüchern, 3. Folge, 9. Bd. Selbständig erschienen als Vortrag, S. 48.

langt vor allem eine Klarstellung des Begriffes des wirtschaftlich Schwächeren. Es wäre ungenau, zu sagen, dies sei der Arme im Gegensatz zum Reichen. So einfach liegt die Sache nicht; weder ist mit der Gegenüberstellung der Armen und Reichen der ganze soziale Gegensatz bezeichnet, noch ist speziell für unsere Frage dieser Gegensatz erschöpfend [28], denn nicht nur der Mangel an Besitz im weitesten Sinne des Wortes kann den einzelnen im gegebenen Fall zum wirtschaftlich Schwächeren stempeln, sondern auch die soziale Position kann bewirken, dass jemand im Kampf der Interessen als wirtschaftlich schwächer erscheint, so z. B. dem mit Privilegien ausgestatteten Adeligen, dem potentior gegenüber u. a. m. Also nicht nur dem Reicheren, sondern auch dem Einflussreicheren gegenüber kann der Einzelne als wirtschaftlich Schwächerer erscheinen, ohne deshalb geradezu arm zu sein, und es sind daher die beiden Schlagworte reich und arm für uns nicht erschöpfend, wenn auch nicht zu leugnen ist, dass der Arme im allgemeinen als wirtschaftlich schwächer erscheinen dürfte.[29]

Der Begriff des wirtschaftlich Schwächeren kann also absolut oder relativ (im Vergleich mit einem bestimmten Gegner) gefasst werden, und wir werden im Verlaufe unserer Untersuchung sehen, dass dies historisch von Belang gewesen ist. Wenn wir auch von einer Definition im strengen Sinne des Wortes Abstand nehmen können, so muss doch der Begriff von anderen

---

[28] Dass der Gegensatz zwischen Bildung und Nichtbildung schwer ins Gewicht fällt, verhehlen wir uns nicht. Für die römischen Zustände ist dies jedoch im wesentlichen irrelevant. Siehe Schmoller, Ueber einige Grundfragen des Rechtes und der Volkswirtschaft. Jena 1875, passim; auch Burkhard, Die Kunst und die soziale Frage in Aesthetik und Sozialwissenschaft. Stuttgart 1895. S. 13.

[29] „Die Armen sind in der Gesellschaft die Schwachen. Das ist der eigentliche Kern des Verhältnisses". Fröbel II. Bd. S. 57. Bekannt ist das platonische Wort von den zwei Nationen der Armen und der Reichen. Siehe auch Nathusius, Die Mitarbeit der Kirche an der Lösung der sozialen Frage. Leipzig 1893—94. II. Bd. S. 137.

verwandten Begriffen abgegrenzt werden. Und in dieser Hinsicht müssen wir sagen: wenn auch in vielen Fällen dem Unredlichen gegenüber der ehrliche, redliche Mann als wirtschaftlich schwächer erscheint, so ist dies doch nicht hierher gehörig, und es haben daher alle hier einschlägigen Bestimmungen, welche den Redlichen dem Unredlichen gegenüber zu schützen beabsichten, nichts mit unserem Thema zu schaffen, sofern sich nicht das unredliche Handeln — mag es dem Wortlaut des Gesetzes entsprechen oder nicht — gerade den wirtschaftlich Schwächeren gegenüber vornehmlich fühlbar macht oder es sich um eine Angelegenheit handelt, die sich zwar auf die Allgemeinheit bezieht, aber doch für die wirtschaftlich Schwächeren besonders wichtig erscheint.[30] Allerdings darf deshalb nicht vergessen werden, dass in den Fällen dieser Art meistens primär eine Abwehr gegen die Unredlichkeit gelegen ist, aus der sich erst sekundär ein Schutz für den Redlichen überhaupt und speziell für den wirtschaftlich Schwächeren ergiebt. Es soll eben verhütet werden, dass der wirtschaftlich Stärkere, deshalb weil er wirtschaftlich stärker ist, auch der rechtlich Stärkere sei. Dass er es in manchen, ja in vielen Punkten sein mag, birgt an und für sich keine Ungerechtigkeit in sich.

Der wirtschaftlich Schwächere ist aber gewiss auch nicht zu identifizieren mit dem rechtlich Schwächeren, d. h. demjenigen, der ein schwächeres Recht hat, also dem, der von der Rechtsordnung caeteris paribus weniger geschützt wird, als ein anderer. So liegt in dem jus offerendi des posterior creditor kein Schutz eines wirtschaftlich Schwächeren in dem hier gebrauchten Sinne des Wortes, sondern bloss ein eventueller Schutz des rechtlich Schwächeren, auf dass der Erstberechtigte nicht sein Pfandrecht zum Schaden des nachfolgenden Gläubigers, oder, besser gesagt, ohne jede Rücksicht auf jenen, geltend

---

[30] Hierher gehören im römischen Recht die leges de annona gegen künstliches Hinauftreiben der Getreidepreise u. a. m.

mache. Ein eventuelles jus offerendi des prior hat selbstverständlich eine ganz andere Funktion zu erfüllen, als dies beim jus offerendi des posterior der Fall ist. — Da die wirtschaftliche Situation meist das 'ausschlaggebende ist, so gehört der Schutz der Minderjährigen (selbst das gesetzliche Pfandrecht am Vermögen des Vormundes gegen Misswirtschaft, Vorschriften betreffend Veräusserung und Anlage von Mündelgut u. dgl. m.), der Geisteskranken, der Frauen[31], nicht hierher, denn auch bei der in integrum restitutio ist der soziale Gedanke nicht der durchschlagende und bei den Minderjährigen, die wegen ihrer imperitia und dem juvenalis calor (l 4 C. de auct. 5. 59), der aetatis infirmitas (l 1 C. quando curat. 5. 60) geschützt werden, bei den Frauen, die propter fragilitatem sexus (l 20 § 1 C. de donat. 5. 3) oder imbecillitas sexus (l 23 C. de nupt. 5. 4) sich besonderen Schutzes erfreuen, spielen gleichfalls derartige soziale Gesichtspunkte nicht mit[32], wenngleich bei den Frauen später dieser Gesichtspunkt hervorgehoben wurde.[33] Dass unter dem wirtschaftlich Schwächeren ferner nicht derjenige zu verstehen ist, der aus seiner bisherigen wirtschaftlich guten Stellung durch

---

[31] Insbesondere gehören auch die zahlreichen Bestimmungen bezüglich der dos, sowohl was die Bestellung derselben, als was ihre Verwendung betrifft, nicht hierher.

[32] Die Rechtssätze dieser Art sind nach Dankwardts (Nationalök. civil. Studien S. 10) Worten „der reine Ausfluss philanthropischen Gefühls" und sind demnach auf ähnlichen Gedanken beruhend, wie der Schutz des wirtschaftlich Schwachen, aber doch nicht auf demselben. Sie haben also mit unserem Thema nichts zu thun. Siehe auch Dankwardt l. c. S. 118 ff.

[33] Siehe l 12 § 5 in f. C. qui potiores s. 17. Auch die Begünstigungen von Konkubinenkindern insbes. seit Anastasius und Justinian (Nov. 18 cap. V. Nov. 89) gehören nicht in unseren Zusammenhang (drhr. neustens P. Meyer, Der röm. Konenbinat, Leipzig 1895, S. 152 ff.) Ebensowenig gehören hierher die Erleichterungen bezüglich der Testamentserrichtung in Notlagen u. s. w. Die auf der imperitia der rusticani beruhende Begünstigung, dass ihnen Rechtsunkenntnis nachgesehen wird (l 2 § 1. D. si quis in jur. 2. 5. l 1, § 5. D. de edendo 2. 13. l 8 C. qui admitti 6. 9) sowie die in der Kaiserzeit weitgehenden Begünstigungen z. B. bez. der Testamente l 31 C. de Test. 6. 23 beruhen auf anderen Motiven.

gleichviel welche Ereignisse in eine weniger gute gekommen ist, soll nur deshalb hervorgehoben werden, um daran eine allgemein häufige Erscheinung zu kennzeichnen. Bekannt ist, dass in Rom zur Zeit, als der Übergang vom Akerbau zur Merkantil- und Industrieperiode stattfand, die equites zur Geldaristokratie wurden, während die Senatoren, mit deren Würde derartige Geldgeschäfte nicht vereinbar galten[34], allein auf die Landwirtschaft angewiesen blieben. Da sie aber dadurch aus ihrer bisher herrschenden Stellung verdrängt wurden, indem die Erträgnisse der Landwirtschaft mit denen der Geldspekulation nicht zu vergleichen waren, so wurde in ihrem Interesse die Rechtsordnung in der Richtung geändert, dass man den Übergang des Familienvermögens in fremde Hände zu erschweren trachtete, was durch Verschärfung des Noterbrechtes, Beschränkung des Erbrechtes und der Testierfähigkeit der Weiber, Erschwerung von Legaten an extranei u. dgl. m. bewirkt wurde.[35]

Hier ist der Zweck der Änderung der Rechtsordnung rein politischer Natur; es handelt sich um die Erhaltung von Macht und Ansehen für den senatorischen Stand und man könnte gerade so gut die Errichtung von Fideicommissen zur Erhaltung des splendor familiae als einen Akt des rechtlichen Schutzes der wirtschaftlich Schwächeren bezeichnen, wie diesen eben angeführten Fall.[36] Überhaupt aber ist zu beachten: Es ist durch-

---

[34] Hatten die Senatoren einerseits grosse Auslagen zu machen, so waren sie andererseits in den Einnahmen dadurch beschränkt, dass sie von jedem eigentlich geschäftlichen Erwerb durch gesetzliche Verbote ausgeschlossen waren (Lex Claudia, erneuert von Caesar, Erlass Hadrians, der den Senatoren das Pachten von Zöllen verbot u. dgl. m.) Dass die Senatoren übrigens solche gesetzliche Beschränkungen vielfach umgingen, ist bekannt. Siehe Friedländer, Sittengesch. Roms. I. Bd. S. 197.

[35] Siehe M. Voigt, Röm. Rechtsgeschichte. I. Bd., Leipzig 1892, S. 100 ff.

[36] Ebensowenig gehört in unseren Zusammenhang, dass Augustus viele Senatoren und Ritter mit bedeutenden Summen beschenkte, auf dass sie nicht ihres Standes verlustig würden. (Dio 53. 2. 54. 17. 55. 13. 56. 41. Suet. Aug. 91.

aus nicht gleichgültig, ob die Gesetzgebung jemanden, z. B. eine Classe, in ihrem faktischen Besitzstand schützt und zu erhalten bestrebt ist, oder ob sie einen wirtschaftlich Schwachen, um seiner Schwäche willen des Schutzes teilhaftig werden lässt. Das erstere ist ein konservatives Vorgehen, das letztere vorbauend; beiden gemeinsam kann es dagegen sein, dass die Gesetzgebung durch derartige Mittel einen Stand zu erhalten sucht, der sonst in Gefahr wäre unterzugehen. Alle die Versuche, welche darauf gerichtet waren, einen gesunden Mittelstand zu erhalten, gehören hierher und sind von sozialpolitischen Gedanken erfüllt. Derartige Fälle dagegen, wie der angeführte, wo der Senatorenstand in seiner Macht und seinem Ansehen erhalten werden sollte, haben mit unserer Frage nichts zu schaffen. Haben wir oben hervorgehoben, dass der Gegensatz von arm und reich für unsere Frage nicht ein erschöpfender genannt werden kann, so muss andererseits zugegeben werden, dass das Altertum und so auch die römische Kaiserzeit zwar grossen Reichtum gekannt hat, aber die spezifisch eigentümliche Form des Kapitals nicht vorhanden war[37]. So hebt bereits Scheel[38] treffend hervor: „Wir dürfen... die Stellung der römischen Geldreichen und Geldarmen nicht mit der der heutigen Kapitalisten und Kapitallosen verwechseln. Die heutigen Kapitalisten sind Besitzer einer bestimmten Menge produktiver Güter, welche zu fernerer Produktion angewendet werden; die heutigen Geldreichen leihen Geldsummen zu produktiven Zwecken an die Kapitallosen aus, welche entlehnen, um zu produzieren. Nicht so in Rom. Die römischen Kapitalisten besassen nicht durch Produktion erworbene und wieder produzierende Kapitalien, Produktivwerte, sondern Quantitäten von Metallgeld, Tauschwerte, welche nicht zur wirtschaftlichen Produktion angewendet wurden. Ihr Reichthum war

---

[37] Siehe auch Schäffle a. a. O.
[38] Der Begriff des Geldes in seiner historisch-ökonomischen Entwicklung, im 6. Bd. der Jahrbücher für Nationalökonomie und Statistik S. 20. 21.

nicht erobert, nicht erarbeitet, . . . durch Tribute und Zölle aufgebracht, durch Steuerpachtungen aus den Provinzen gezogen, durch Wechslergeschäfte leicht erworben — alles auf unproduktivem Wege . . . . So die Verhältnisse der Kapitalisten: entsprechend die der Kapitallosen. Sie borgten Geld, aber sie borgten . . . . unproduktiv . . . ." Und ergänzend hierzu können die Bemerkungen angeführt werden, welche Rodbertus[39] bezüglich des Gegensatzes von arm und reich im alten Rom macht. Er lehrt, dass der das Altertum beherrschende Gegensatz nicht, wie heute, der von Arbeit und Besitz gewesen sei, sondern der von arm und reich, von mehr oder vielen und wenig oder gar keinen Oikenbesitz. „Ich habe auch, fährt er fort, angedeutet, dass die Grösse des Oikenvermögens von der Grösse des Grundbesitzes abhängen musste. Daraus geht hervor, dass der das Altertum beherrschende von der heutigen Zeit so abweichende Gegensatz von arm und reich auch selbst noch eine besondere Form annahm. Heute würde sich derselbe in der Form von mehr oder weniger Kapital aussprechen; im Altertum drückte er sich in der Form von mehr oder weniger Grundbesitz aus".

Sind also die römischen Reichen und Armen mit den in dieser Beziehung bestehenden heutigen Gegensätzen gewiss nicht zu verwechseln, so soll auch des weiteren nicht in Abrede gestellt werden, dass der römische Eigentumsbegriff ein solcher war, dem das ethisch soziale Element fehlte; sind wir doch in dieser Hinsicht durch beständiges Hervorheben öffentlicher Interessen heutzutage beinahe dahin gelangt, dass der Eigentümer gleichsam als Nutzniesser seiner Sache angesehen werden kann: es war daher die ganze Wirtschaftsauffassung damals und heute wesentlich verschieden.[40]

[39] Untersuchungen auf dem Gebiete der Nationalökonomie des klassischen Altertums II. Zur Geschichte der Tributsteuer seit Augustus, im IV. Bd. der Jahrbücher für Nationalökonomie und Statistik. 1865.
[40] Siehe Scheel, Die wirtschaftlichen Grundbegriffe im corp. jur. civ., im VI. Bd. der Jahrbücher für Nationalökonomie, S. 344.

Einen tief einschneidenden Unterschied zwischen heute und damals bewirkte aber insbesondere das Institut der Sklaverei, wie dies schon David Hume[41] betont, wenn er sagt: The chief difference between the domestic economy of the ancients and that of the moderns consists in the practice of slavery ...

Der Sklave war im alten Rom rechtlich allezeit als Sache betrachtet, wenn sich auch unter Einflüssen verschiedenster Art ein favor libertatis ausbildete, der mannigfache Erscheinungen zeitigte — Erscheinungen, in welchen gewiss ein Schutz des wirtschaftlich schwächeren Sklaven gelegen war; da aber der Sklave nicht als Person im juristischen Sinne des Wortes in Betracht kam[42], so wollen wir in diesem Zusammenhang von den sich dadurch ergebenden Fragen absehen und uns im wesentlichen auf den Schutz des wirtschaftlich schwächeren freien Menschen, im Gegensatz zum Sklaven beschränken und auf derartige Bestimmungen wie das confugere ad statuas und den Schutz des Sklaven vor Misshandlungen[43] keine Rücksicht nehmen. Handelt es sich uns doch darum, zu untersuchen, ob in Bezug auf die Frage des Schutzes des wirtschaftlich Schwächeren eine gewisse Ähnlichkeit zwischen heute und der spätrömischen Kaiserzeit bestehe. Die Sklaverei jedoch, welche als der wesentlichste

[41] Essays and treatises on several subjects. Vol II. Essay XI (of the Populousness of ancient nations p. 144.

[42] Andererseits ist gerade die Entwicklung, die da bewirkte, dass der Sklave wenigstens in praxi als Person behandelt und seine Lage im allgemeinen wesentlich gebessert wurde, schon oft Gegenstand eingehender Darstellungen gewesen. Dass die Sklaven zwar Eigentumsobjekt, aber doch nicht auf einer Linie mit leblosen Sachen und Tieren waren, darüber s. Endemann a. a. O. S. 7 ff.

[43] l 1 § 1. C. de jurejur. propter colum. 2. 58 (59). Ne autem perperam in quaestionem servorum quidam venientes sui animi crudelitatem exerceant, non aliter concedi eis qui quaestionem servorum exposcant ad hoc venire vel a iudicibus audiri, nisi prius tactis sacrosanctis scripturis deponant, quod non odio servorum vel propter offensas coheredum ad hoc venerunt, sed quia aliter rerum hereditariarum veritatem exquirere vel ostendere non possunt. Cf. 12 D. de his qui sui 1. 6.

Unterschied in der domestic economy bezeichnet wird, kommt in dieser Hinsicht nicht in Betracht.

Allerdings aber dürfen wir die Sklaverei in der Richtung nicht vergessen, als sie die Folie des ganzen wirtschaftlichen Bildes bietet, als sie die Ursache ist, die da bewirkt, dass wir in Bezug auf den Schutz des wirtschaftlich Schwächeren weniger finden, als man erwarten würde, da eben durch sie ein grosser Teil der sonst als wirtschaftlich schwächer zu bezeichnenden Personen als Person überhaupt nicht in Betracht kam und nicht in der Lage war, an dem Kampf um die wirtschaftliche Gleichberechtigung teilzunehmen.

III.

Wie weit das römische Kaiserrecht und zwar insbesondere das spätrömische Kaiserrecht Gedanken sozialpolitischer Natur bezüglich des Schutzes des wirtschaftlich Schwächeren aufweist, soll weiter unten eingehend untersucht werden. Zuvörderst müssen wir aber feststellen, ob und inwiefern der Gedanke des Schutzes des wirtschaftlich Schwächeren dem ältern römischen Rechte[44] bekannt oder fremd gewesen.[45] Viel dürfen wir natürlich in dieser Hinsicht von vornherein nicht erwarten. Eine Zeit, welche, wie die des älteren römischen Rechtes, erfüllt war von der prinzipiell schrankenlosen Bethätigung des vollberechtigten Individuums, eine Zeit, welche im Prozess das Selbsthilfeverfahren besitzt, die also selbst der Durchsetzung des Privat-

[44] Behauptet doch K. Fisch, Die soziale Frage im alten Rom bis zum Untergang der Republik, S. 1, für die von ihm besprochene Zeit „es dürfte sogar die Gegenwart in dem gezeichneten Bilde hier und da wieder ihre eigenen Züge zu erkennen glauben".

[45] Ueber die Volkswirtschaft der römischen Königszeit wissen wir begreiflicherweise nur sehr wenig. Siehe hierüber neuestens Büchsenschütz, Bemerkungen über die römische Volkswirtschaft der Königszeit Berlin 1886. Wissenschaftliche Beilage zum Programm des Friedrichs-Werder'schen Gymnasium zu Berlin.

rechtes im einzelnen in praxi kühl gegenübersteht, die den
Begriff des Eigentums geschaffen, als des Rechtes mit seiner
Sache nach völlig freiem Belieben zu schalten und zu walten"",
kann sozialpolitische Tendenzen nur in sehr geringem Umfang
kennen. Erst nachdem der Gedanke durchgedrungen war, dass
wenigstens die freien Menschen dem Gesetz gegenüber und
insbesondere im Privatrecht einander gleichgestellt seien, erst
nachdem der Einfluss politischer Standesverhältnisse bezüglich
der Verkehrsbeziehungen der bürgerlichen Gesellschaft beseitigt
worden war, konnten solche Gedanken in grösserem Umfange
Platz greifen.[47] Und ferner: Die soziale Frage ist so alt wie
die Welt; als ein Versuch, dieselbe, soweit dies überhaupt
möglich, zu lösen, erscheint der von der Gesetzgebung unter-
nommene Schutz des wirtschaftlich Schwächeren. Nicht zu allen
Zeiten tritt aber die soziale Frage in dieser Gestalt auf, dass

[46] ... als sich in Rom das quiritarische, d. h. das persönliche und
unbegrenzter Vergrösserung fähige Eigentum entwickelte, traf man keine
der von den Griechen ersonnenen Vorsichtsmaassregeln, um die Ausdehnung
desselben zu beschränken. Die fortwährenden Eroberungen immer neuer
Gebiete bot ihm im Gegenteil ein stets wachsendes Feld zu seiner Ausdehnung. So nahm die Ungleichheit unaufhaltsam zu, welche zunächst die
Republik und später die gesamte römische Welt ins Verderben führte." —
Laveleye, Das Ureigentum, S. 345. Die Vorsichtsmaassregeln der Griechen
bestanden in Unveräusserlichkeit der Stammgüter, Beschränkung des Erbrechtes, Aufrechterhaltung des Kollektiveigentums für Wälder und Weiden,
öffentlichen Malzeiten, den Syssitien und Kopielen u. dgl. m. Siehe
Laveleye u. a. O. Vorrede S. 12. — Andererseits darf auch nicht un-
erwähnt bleiben, dass Rom durch seinen ager publicus und die Verteilung
von Domanialland wenigstens die grössten Schärfen seines Eigentumsbegriffes
zeitweilig milderte; allerdings kam dies oft nicht denjenigen zugute, die
es bedurften. Man kann daher m. E. auf dies römische Staatseigentum
kein so grosses Gewicht legen, wie dies von Samter, Das Eigentum in
seiner sozialen Bedeutung, Jena 1879, S. 151, geschieht, muss dagegen für
die altrömische Zeit überhaupt sich vor Augen halten, dass die Vermögen
damals ziemlich gleich gross gewesen sein dürften. So lange jeder Bauer
sein heredium hatte, konnte unter ihnen die soziale Frage eigentlich
nicht entstehen. Siehe auch Bücher a. a. O., S. 12.
[47] Siehe Voigt, Jus naturale. Bd. II. S. 686 ff.

als Abhilfe ein derartiger Versuch unternommen werden könnte. So lange es noch Personen im gewöhnlichen Sinne des Wortes giebt, welche juristisch nicht als Personen anerkannt sind, wird eine Hauptrichtung der sozialen Entwicklung dahin gehen, diesen die Anerkennung ihrer Persönlichkeit zu verschaffen. Und in dieser Hinsicht enthält denn das ältere römische Recht eine Menge von beachtenswerten Erscheinungen; ich verweise bloss auf die allmählige Anerkennung der Sklaven als Personen, auf die Kämpfe zwischen den Patriziern und Plebejern. Tritt einerseits die soziale Frage im alten Rom in der Form hervor, dass Menschen, welche rechtlich als Sachen angesehen werden, langsam die Anerkennung als Personen erhalten, so ist es andererseits eine grosse soziale Erscheinung, dass Menschen niederen Rechtes, Menschen ohne politischen Einfluss in langjährigem Kampfe für die politische und rechtliche Gleichberechtigung als Sieger hervorgehen. Wir fassen hierbei, der im allgemeinen herrschenden Meinung Mommsens folgend, Patrizier und Plebejer[48] dahin auf, dass uns die Patrizier schon von Anbeginn der Republik die Reichen und Vornehmen, die Plebejer dagegen das niedrige und gedrückte Volk sind.[49] Der Kampf zwischen Patriziern und Plebejern darf hier darum erwähnt werden, weil sich der soziale Gedanke sehr häufig — und nicht nur im alten Rom — darin äussert, dass die von der Rechtsordnung stiefmütterlich Bedachten bestrebt sind, sich Einfluss auf die gesetzgebenden Faktoren zu verschaffen, bemüht sind, das Recht zu erwerben, selbst Personen in den Kreis der gesetzgebenden Körperschaft zu entsenden. Dieser Kampf um politische Gleichberechtigung ist ja nichts anderes als das Streben, auf die Gesetzgebung zu Gunsten

---

[48] Siehe über dieselben auch Ranke, Weltgeschichte. 2. Teil 1. Abt. Leipzig 1882. S. 47.

[49] Niebuhr scheidet bekanntlich zwischen Patriziern und Plebejern einerseits und Nobilität und Volkspartei andererseits. Dem stimmt Peter, Geschichte Roms, Halle 1865. Bd. I Vorrede S. 7 bei.

der Minderberechtigten einen wenigstens negativen Einfluss zu gewinnen.[50] Dass das Streben der Plebejer darauf gerichtet war, Einfluss auf die Gesetzgebung zu erlangen, beweist der spätere Entwicklungsgang in diesem Kampfe zur Genüge. Auf diese Frage näher einzugehen, haben wir keine Veranlassung; wir wollen uns überhaupt, wenigstens vorzüglich, mit solchen Erscheinungen des Schutzes des wirtschaftlich Schwächeren befassen, welche friedlich, unter Aufrechterhaltung der politisch massgebenden Faktoren sich vollzogen haben, wenngleich nicht geleugnet werden soll, dass gar manches Gesetz, das zum Schutze des wirtschaftlich Schwächeren ergangen ist, das Ergebnis schweren und heftigen Kampfes, ja geradezu der Revolution, gewesen ist.

Hier haben wir denn aus republikanischer Zeit anzuführen

---

[50] **Büchsenschütz** führt l. c. S. 33 ff. aus, die Verschuldung der Plebs im alten Rom, der Umstand, dass der Kapitalreichtum zur Zeit der Könige in den Händen der Patrizier war, lasse sich aus den Quellen nicht völlig erklären und er folgt darin berühmten und bekannten Anschauungen. Er bemerkt weiter: „Der Ausgang aber des Kampfes zwischen Armen und Reichen lässt nicht allein die soziale Frage, die ihn doch angefacht haben soll, ungelöst, sondern auch, wie es scheint, unberührt. Denn das Ergebnis ist bekanntlich die Errichtung des Volkstribunates, nicht irgend eine gesetzliche Regelung des Schuldenwesens. Das höchste, was in letzterer Hinsicht nach der Secession zugestanden worden sein soll, wäre ein mehr oder weniger umfänglicher Schuldenerlass gewesen und auch einen solchen erwähnt Livius nicht einmal. Es wäre geradezu unbegreiflich, wenn die Plebejer nichts gefordert und erlangt hätten, was dazu dienen konnte, die Quelle des allgemeinen Elends zu verstopfen, dagegen auf den Gedanken einer Standesvertretung verfallen wären, deren Befugnisse in jener Hinsicht so wenig Hülfe zu leisten gestattete, dass wir ein Jahrhundert später genau dieselben Zustände wiederfinden." Diesen letzten Worten muss entschieden widersprochen werden. Zeigt denn nicht die Geschichte auf Schritt und Tritt, dass die ärmeren Klassen immer die Selbsthülfe zuerst in der Form gesucht haben, dass sie Einfluss auf Gesetzgebung oder Verwaltung durch Entsendung einer Person in die betreffende Körperschaft erstrebten, zeigt denn nicht die Gegenwart wieder ganz dieselbe Erscheinung?

die zahlreich erlassenen, beziehungsweise beantragten leges agrariae, sowie das Institut der Kornspenden; desgleichen die leges foenebres et de aere alieno. Mit Recht können wir für diese Periode die Worte Webers (Die römische Agrargeschichte Stuttgart 1891. S. 7) anführen, „dass neben vielen negativen, wie Frumentationen, Schulderlässen", die Besiedlung des ager publicus „die einzige positive sozialpolitische Massregel grossen Stiles" war, „mit welcher der römische Staat den konvulsivischen Krankheitsäusserungen seines sozialen Körpers entgegentrat". Die einzelnen leges agrariae, sowie die uns glaubhaft überlieferten Fälle von Kornspenden aufzuzählen, ist für unseren Zweck überflüssig. Es genügt für uns bezüglich der republikanischen Zeit, diese beiden Erscheinungen anzuführen und zu konstatieren, dass insbesondere durch die Versuche der beiden Gracchen „ein Feuerbrand in die Welt" geschleudert wurde, „dessen Wirkung erst nach Jahrhunderten gedämpft, niemals aber ganz verglommen ist, das Streben nach einer staatlichen Versorgung der ärmeren Klassen" (Leonhard a. a. O. S. 66)[51].

Was speziell die Kornverteilungen betraf, so arteten diese ursprünglich zur Unterstützung Bedürftiger bestimmten Verteilungen dahin aus, dass der hauptstädtische Pöbel, ob seiner politischen Stimmberechtigung auf Staatskosten ernährt[52] wurde

---

[51] Siehe auch Niebuhr, Röm. Geschichte. 4. Teil. Jena 1844. S. 411 ff. Mommsen, Röm. Gesch. II. Bd. Ihne, Röm. Gesch. V. Bd. S. 33 ff. u. 85 ff. Insbesondere ferner Nitzsch, Die Gracchen und ihre nächsten Vorgänger. Berlin 1847. S. 294 ff. und 396 ff. Gerlach, Tiberius und Cajus Gracchus. Basel 1843. S. 23 ff. Nitzsch, Gesch. der römischen Republik hgg. v. Thouret. Leipzig 1884. II. Bd. S. 84 ff. Ranke, Weltgesch. 2. Teil. 2. Abt. S. 6 ff. S. 22. S. 33 ff. Bitzer, Die sozialen Ordnungen in weltgeschichlicher Entwicklung. Stuttgart 1877. Gagern, Die Resultate der Sittengeschichte. 2. Aufl. 3. Teil. S. 104 ff.

[52] Die Geschichte dieser Verteilungen gehört nicht in unseren Zusammenhang; liegt ihr auch gleich als Motiv mit zu Grunde, dass man den Gefahren steuern wollte, die aus einem übermässigen brodlosen Proletariat der Gesamtheit erwachsen können, so war doch der Gesichtspunkt der Gunstbuhlerei der ausschlaggebende. Siehe hierzu

in der römischen Kaisergesetzgebung. 23

und das ursprünglich gut Gemeinte ward zum Übel, indem dadurch der italienische Bauernstand schwer geschädigt, also eine Säule des Staates erheblich geschwächt und die Arbeitsscheu wesentlich erhöht wurde.[53] So sah man sich denn mit der Zeit genötigt, die Zahl der Empfänger solcher Kornspenden thunlichst zu beschränken[54]; insbesondere als unter Cäsar die Zahl der Berechtigten auf 320 000 gestiegen war. Das Mittel, welches er hierzu verwendete — Aussendung vieler Armer nach Kolonieen — half freilich nur vorübergehend; doch sichtete er diejenigen, die in Rom Kornspenden empfingen, gehörig, so dass ihre Zahl sich wesentlich verminderte (Suet. Caes. 41). Hier trat er „nicht mehr als Schmeichler, sondern als Arzt des Proletariates auf" (Roscher, Politik S. 632).[55] Doch die städtische Bevölkerung war in stetem Wachsen: winkte ja infolge der politischen Stimmberechtigung die Ernährung auf Staatskosten.[56] Augustus, der

[53] Gibbon c. 31. Gregorovius, Gesch. der Stadt Rom im Mittelalter. I. Bd. S. 138. Schmidt, Die bürgerl. Gesellschaft in der altröm. Welt und ihre Umgestaltung durch das Christentum. S. 63 ff.

[53] Roscher, Politik. S. 513 und Mommsen, Röm. Gesch. III. Bd. S. 490 ff. Dawider Rodbertus in Hildebrands Jahrb. 1. Bd. S. 341 ff.

[54] Pompejus soll schon (Dio 39. 24. 1) dadurch ein wenig Wandel haben schaffen wollen, dass er Verzeichnisse der Berechtigten anzufertigen gedachte, um wenigstens eine annäherungsweise Übersicht zu besitzen; er scheint jedoch seine Absicht nicht ausgeführt zu haben.

[55] „Indem also das politische Privilegium in eine Armenversorgung umgewandelt ward, trat ein in sittlicher wie in geschichtlicher Hinsicht bemerkenswerter Satz zum erstenmal in lebendige Wirksamkeit ... und zuerst Caesar hat ... eine Einrichtung, die für den Staat eine Last und eine Schmach war, umgeschaffen in die erste jener heute so unzählbaren wie segensreichen Anstalten, in denen das unendliche menschliche Erbarmen mit dem unendlichen menschlichen Elend ringt." Mommsen, Röm. Geschichte. 5. Aufl. III. Bd. Berlin 1869. S. 491; Hirschfeld, Die Getreideverteilung in der röm. Kaiserzeit. Philologus XXIX S. 3 ff. Die Zahl der Empfänger sollte unverändert bleiben und bloss die vacant gewordenen Plätze neu besetzt werden.

[56] Sueton. Aug. 42. Cic. pro Sext. 26. De off. II. 21. Cäsar sorgte insbes. für die armen Veteranen (l. Iulia municipalis). Siehe auch Marquardt, Röm. Staatsverwaltung. Bd. II. S. 106 ff.

ursprünglich alle Getreidespenden für ewige Zeiten abschaffen wollte, gelang es im Jahre 732 d. St. die unbestimmte Zahl der Empfänger auf circa 150 000 zu beschränken [57], insbesondere aber, — und dies zeigt, dass in der ersten Kaiserzeit (im Beginn des Prinzipates) wieder der alte Gedanke bezüglich der Kornspenden zum Durchbruch gelangte — wurden genaue Prüfungen der Bedürftigkeit der Empfänger angeordnet.[58] Dass zu dieser Zeit die Kornspenden solchen zukamen, die derselben wirklich bedurften, beweisen zwei Umstände in schlagender Weise, einmal der Umstand, dass es bei Teuerungen nötig wurde, auch solchen, die nicht zu den regelmässigen Teilhabern gehörten, zu mässigen Preisen Getreide abzugeben, — die ständigen Teilhaber scheinen also doch zu den ärmsten gehört zu haben — und zum andern,

---

[57] Augustus beschränkte das Institut der Kornspenden auf Familienväter — schied die coelibes und orbi aus — und seit seiner Regierung konnte man sich in dieser Beziehung einkaufen, wie sich heutzutage arme Leute in Versorgungshäuser einkaufen, wenn sie der Zuständigkeit ermangeln. Allerdings war das Wagnis geringer, weil Augustus so vorgehen konnte, nachdem in den vorhergehenden Jahren Äcker auf der Halbinsel angekauft worden waren, die den Bedürfnissen der armen Plebejer und der Veteranen dienen sollten. Die Frage, ob Augustus schon 732 definitiv die cura annonae übernommen hatte (Mommsen, St. R. 2. S. 961) oder nicht, berührt uns nicht. Siehe darüber, sowie überhaupt zu dieser ganzen Frage Hirschfeld, Untersuchungen auf dem Gebiete der römischen Verwaltungsgeschichte. Berlin 1877. S. 128 ff. — In dieser Form erhielt sich das Institut bis auf Aurelian, wo dann die Verteilung von Brot in der Hauptstadt (panis gradilis) und Schweinefleisch an die Stelle trat. fr. Vat. 272. L. 35 pr. D. de legatis 32. L. 52 § 1. D. de iud. 5. 1. L. 49 § 1. L. 87 pr. D. de leg. 31. L. 1 Cod. de suariis. 11. 17. Hist. Aug. Aurel. 35. Zosim. I. 61. Cod. Theod. XIV. 17 de annonis civicis et pane gradili. Hirschfeld, Philologus 29. S. 19. Diese Verpflegsart wurde von Konstantin auf Konstantinopel übertragen. Siehe Gebhardt, Studien über die Verpflegung von Rom und Konstantinopel in der späteren Kaiserzeit. 1881. S. 20.

[58] Schon früher wurden Erhebungen gepflogen bei den Hauseigentümern, in deren Häusern die Unterstützten wohnten, um über ihre Vermögensverhältnisse, ihre Dürftigkeit Informationen zu erholen. Der Mietzins, der gezahlt wurde, bildete natürlich den hauptsächlichsten Anhaltspunkt. Siehe hierzu Drumann, Geschichte Roms. 3. Teil S. 619.

dass moralische Gründe, moralische Würdigkeit, für diese Wohlthat, welche übrigens zeitlebens gewährt wurde, sofern der Bedachte das Bürgerrecht nicht verlor, nicht in Betracht kamen: frumentum publicum tam fur quam perjurus et adulter accipit et sine delectu morum quisquis civis est berichtet uns Seneca de benef. IV. 28. 2.[59]

Ob man nun, mag das Korn zu mässigen Preisen abgegeben worden sein, oder mag es reine Liberalität gewesen sein, die Kornspenden mit Koutzen[60] „als die reinsten sozialistischen Massregeln, als Staatsintervention und Staatshülfe in optima forma" bezeichnen kann, diese Frage wird wohl m. E. dahin zu beantworten sein, dass dies für die ältere Zeit und für den Anfang der Kaiserzeit zutrifft, für die republikanische Zeit nach Gracchus jedoch nicht.[61] Soweit aber die Kornspenden, gleich den Landverteilungen als staatliche Hülfe hergehören, ist es meist ein Helfen in nachhinein und ein Helfen von Fall zu Fall: meist Massregeln zur Steuerung augenblicklicher Not, sofern sie nicht auf Gunstbuhlerei zurückzuführen sind, wo sie dann gar nicht hierher gehören.[62]

[59] Siehe auch hierzu Suet. Aug. 41 und Höck a. u. O. Hirschfeld im Philolog. 29. Bd. S. S. Die sog. congiaria d. i. Spenden an Geld, Lebensmitteln, Öl, Wein u. dgl., welche teils reine Almosen waren, teils bei wichtigen Ereignissen durch die Prinzipes verteilt wurden, sind von geringerer Bedeutung. Ölverteilungen waren schon in der Republik üblich (Hirschfeld a. a. O. S. 19).

[60] a. a. O. S. 14.

[61] Inwieweit auch noch später Kornverteilungen, sowie Landverteilungen vorkamen, darüber weiter unten. Es wurde hier überhaupt bloss auf die Anfänge der Kaiserzeit eingegangen, um in continenti hervorzuheben, dass der alte Gedanke der Kornspenden damals wieder zu neuem Leben erwachte.

[62] Wir haben gesehen, dass man die Kornverteilungen zu verschiedenen Zeiten verschieden ob ihrer Motive zu beurteilen hat. Was Bruder im I. Bd. des Staatswörterbuches der Görresgesellschaft im Artikel Armenpflege lehrt: „Die röm. Getreideverteilungen hatten den Charakter einer politischen Massregel: Verhütung von Volksaufständen, Erhaltung der Dynastie auf dem Throne. Sie förderten eher durch Sanktionierung

Gleichfalls von dem Gedanken erfüllt, den ärmeren, wirtschaftlich schwächeren Klassen aufzuhelfen und auch in ihrem Grundgedanken weiter greifend, als die Land- und Kornverteilungen, waren die leges foenebres et de aere alieno. Infolge der zahlreichen Kriege, welche Rom zu führen hatte, war der Bauer von seinem Acker einen grossen Teil der wichtigsten Zeit entfernt und es waren auf diese Weise viele der kleineren Wirtschaften in Gefahr, zu Grunde zu gehen; insbesondere gerieten solche Inhaber kleinerer Wirtschaften vielfach in Wuchererhände. Während nun ursprünglich die einzige Abhülfe, welche man drückenden Schulden gegenüber zu finden wusste, in der völligen Aufhebung der Schuld (novae tabulae) bestand (gewiss ein nicht zu billigendes Vorgehen), hatten es sich die leges foenebres zur Aufgabe gemacht, dem Wucher und dem strengen Schuldprozess entgegenzutreten und doch die novae tabulae dabei zu vermeiden.

Es wurden infolgedessen bald die Zinsen, bald ein Teil der Kapitalschuld erlassen, der Zinsfuss herabgesetzt, Strafen für Wucherer eingeführt, eine Schuldentilgungskommission (V viri mensarii) eingesetzt, welche sogar Vorschüsse aus der Staatskasse leistete u. dgl. m. Die Schuldhaft wurde weniger streng organisiert, ein einfacheres Prozessverfahren eingeführt, den Kapitalisten nur der Besitz einer bestimmten Barschaft gestattet und ähnliches. Hierher gehören vor allen die LL. Licinia Sextia, Duilia et Maenia, Marcia, Poetelia, Silia, Sempronia u. s. w. In dieser Gesetzgebung wider den Wucher gelangt mithin zum Teil wenigstens der Gedanke zum Ausdruck, nicht wie bisher bei Land- und Kornverteilungen, dem wirtschaftlich Schwachen zu helfen, wenn er bereits am Boden liegt, sondern es tritt die Absicht hervor, prophylaktisch vorzugehen und auf diese Weise künftigen derartigen Fällen von vornherein entgegenzutreten. Und in diesem Sinne liegt der Wuchergesetzgebung

---

der Trägheit und Arbeitsscheu die Verarmung" ist für gewisse Epochen richtig, trifft aber doch nicht so generell zu, als es gesagt ist.

ein viel tieferer Gedanke zu Grunde, als dadurch das Übel an der Wurzel angegriffen werden sollte — wenigstens nach der Absicht der Gesetzgeber. — Und so ist in dieser Beziehung die Wuchergesetzgebung, soweit sie sich über die novae tabulae erhob, als der Anfang, als der Vorläufer jener Gesetzgebung anzusehen, welche wir in der Kaiserzeit finden, und aus der mannigfache im Prinzipe lobenswerte, in der Durchführung oft gänzlich verfehlte Gesetze hervorgegangen sind.[63]

In diesen drei Erscheinungen, welche sich schon in älterer Zeit vorfinden, offenbart sich zeitweilig das Streben der Gesetzgebung, die wirtschaftlich Schwächeren zu unterstützen; und diese drei Formen sind auch belangreich gewesen. Was sich allenfalls noch neben ihnen findet und von ähnlichen Gedanken getragen ist, ist unbedeutenderer Natur. So beispielsweise eine auf religiöse Ursachen zurückzuführende Bestimmung, die uns Cato überliefert hat, wonach an den gebotenen Festtagen der Knecht und der Stier — nach dem Sinne des Gesetzes — zu ruhen haben. Da das Gesetz vom Pfluge spricht, welcher ruhen solle, so hat dann die spätere Zeit dies wörtlich auslegend, den Pflug allerdings ruhen lassen, den Knecht aber, zu dessen Schutz und Erhaltung der Arbeitskraft es wenigstens mit gemeint war, zu anderen Arbeiten verwendet.[64]

In treffender Weise hat bekanntlich Jhering in seinem „Scherz und Ernst in der Jurisprudenz". 3. Aufl. Leipzig 1885 unter dem Titel „Reich und Arm im altrömischen Zivilprozess" S. 175 ff. ausgeführt, wie der ältere Zivilprozess mit seiner Deposition der Sakramentssumme, die erlegt werden musste, um prozessieren zu können, dem Reichen ein meist ungeheueres Übergewicht über den Armen verlieh; wie der letztere, weil er

---

[63] Über die Wuchergesetzgebung der Kaiserzeit weiter unten.
[64] Siehe hierüber Mommsen, Röm. Gesch. I. Bd. S. 192 u. S. 846. Pfaff, Zur Lehre vom sog. in fraudem legis agere S. 148. Über die infolge des Christentums eingeführte Sonntagsruhe in der röm. Kaiserzeit siehe insbes. 1 2 (3) C. de feriis. 3. 12.

die nötige Sakramentssumme nicht besass und nicht aufbringen
konnte, schon deshalb genötigt war, auf die Geltendmachung
seines Rechtes zu verzichten. Auch hier aber finden wir mit
der Zeit und noch in älterer Zeit gewisse „den ärmeren Klassen
zugedachte Erleichterungen der Rechtsverfolgung"[65], wie die lex
Papiria, lex Vallia, lex Silia und Calpurnia.

Bietet hiernach das ältere Recht keine reiche Auslese in
der uns hier interessierenden Richtung, so darf doch immer
nicht vergessen werden, dass in den Zeiten, wo Herr und Knecht
am selben Tische assen und das gleiche Leben führten, die
sozialen Gegensätze eben nicht so bestanden, wie in späterer
Zeit. Die ältere Zeit war daher trotz der geringen Zahl sozialer
Vorschriften doch verhältnismässig den Ärmeren günstiger, als
die Zeit nach den punischen Kriegen, wo die kolossalen Reichtümer sich ansammelten und der schroffe Gegensatz zwischen
reich und arm zur Herrschaft gelangte. Dies war eine Zeit,
wo dann bis zum Ende der Republik an sozialen Reformen nur
äusserst dürftige Fortschritte gemacht wurde, obwohl die veränderten Verhältnisse solche dringend gefordert hätten und wo
es dann erst der späteren Kaiserzeit vorbehalten blieb, reformatorisch einzuschreiten, allerdings einzuschreiten in einem
Momente, wo sich die Sünden vergangener Zeiten nicht mehr
gut machen liessen. Was jedoch die ältere Zeit betrifft, so
kam ihr noch ein Umstand zu Hülfe, welcher die Besitzlosen
ihre schlechte wirtschaftliche Stellung nicht so fühlen liess, als
dies sonst der Fall gewesen wäre und wir müssen auf diesen
Punkt noch kurz eingehen. Es war dies die seit alters bestehende Institution der Klientel, wodurch wirtschaftlich
Schwächeren nicht bloss Unterstützung zu teil wurde, sondern
dieselben auch oft an den Genüssen und Vergnügungen der
Reichen mehr oder weniger teilnahmen.[66]

---

[65] Jhering a. a. O. S. 226.
[66] Siehe Friedländer, Sittengeschichte Roms. 3. Bd. Leipzig 1871.
S. 98 ff.

Die Klientel war ein wichtiges, schon in die graue Urzeit zurückreichendes Institut, das dem Schutze des wirtschaftlich Schwächeren diente. Dionysius 2. 9 berichtet uns hierüber: Ὁ δὲ Ῥωμύλος ἐπειδὴ διέκρινε τοὺς κρείττους (τοὺς πατρικίους) ἀπὸ τῶν ἡττόνων (τῶν πληβείων), ἐνομοθέτει μετὰ τοῦτο καὶ διέταττεν, ἃ χρὴ πράττειν ἑκατέρους, τοὺς μὲν εὐπατρίδας ἱερᾶσθαί τε καὶ ἄρχειν καὶ δικάζειν — τοὺς δὲ δημοτικοὺς — γεωργεῖν καὶ κτηνοτροφεῖν καὶ τὰς χρηματοποιοὺς ἐργάζεσθαι τέχνας. — παρακαταθήκας δὲ ἔδωκε τοῖς πατρικίοις τοὺς δημοτικούς, ἐπιτρέψας ἑκάστῳ — ὃν αὐτὸς ἐβούλετο νέμειν προστάτην παρτωνείαν ὀνομάσας τὴν προστασίαν.[67]

So hatte denn die alte Zeit im Klientelverhältnis einen Schutz des wirtschaftlich Schwächeren gefunden, das allerdings nicht ausschliesslich darauf berechnet war, aber doch dem wirtschaftlich Schwächeren und das ist ja der inferior in der Regel, einen Halt bot.

Dass diese Pflicht, sich der Klienten anzunehmen, streng aufgefasst wurde, beweist zur Genüge die Bestimmung der XII Tafeln: Patronus si clienti fraudem fecerit sacer esto. Darin liegt eine gewaltige Pression, den wirtschaftlich Schwächeren

---

[67] Insbes. ist aber wichtig, dass Dion. in c. 10 ein von Romulus erlassenes Strafgesetz erwähnt, das die Treuverletzung zwischen Klienten und Patron behandelt: εἰ δέ τις ἐξελεγχθείη τούτων πδιατραττόμενος, ἔνοχος ἦν τῷ νόμῳ τῆς προδοσίας ὃν ἐκύρωσεν ὁ Ῥωμύλος· τὸν δὲ ἁλόντα τῷ βουλομένῳ κτείνειν ὅσιον ἦν ὡς θύματος καταχθονίου Διός. Hier ist von einem wechselseitigen Verpflichtungsverhältnis zur Treue die Rede, wie es die vorhergehenden Worte κοινῇ δ᾽ ἀμφοτέρους οὔτε ὅσιον οὔτε θέμις ἦν κ. τ. λ. εἰ δέ τις ἐξελεγχθείη u. s. w. beweisen. Diese lex ist also nicht identisch mit der Bestimmung der 12 Tafeln, sondern viel älteren Datums. Es lässt sich nun nicht beweisen, ist aber sehr leicht möglich, dass im Interesse des wirtschaftlich schwächeren Klienten sich allmählig aus dieser Bestimmung Romulus' der Satz der XII Tafeln entwickelt habe, der bloss den Patron dem Klienten gegenüber so schwer verantwortlich macht und der sich ja auf das fraudem facere, also auf Vermögensbenachteiligung ausdrücklich bezieht. Siehe hierzu insbes. M. Voigt, Über die leges regiae, nr. VI des VII. Bds. der Abh. der philol. hist. Cl. der k. sächs. Gesellsch. der Wissenschaften. S. 573 ff. und ebendenselben über Klientel und Libertinität. S. 173.

nicht absichtlich zu schädigen. Wie dies bei solch einem Schutzverhältnis nicht anders sein kann, war natürlich der Gesichtspunkt der gebrochenen Treue, welche der Patron dem Klienten gegenüber schuldig war, der massgebende. Aber mag auch durch ein solches Treue- und Schutzverhältnis mehr indirekt geholfen worden sein — es war doch ein in vielen Punkten zutreffender Schutz eines wirtschaftlich Schwächeren, in dieser Hinsicht vergleichbar den Lehnsverhältnissen des Mittelalters.[68]

So viel in dieser Beziehung über die Klientel des ältesten Rechtes. Des Zusammenhanges halber sei hier gleich auch das erwähnt, was wir bezüglich der Klientel des späteren Rechtes hervorzuheben haben. War sie ursprünglich ein Verhältnis gewesen, das dem Reichen manche Pflichten seinem armen Klienten gegenüber auferlegte, so verwandelte sich dies Institut allmählich so sehr, dass der Klient der späteren Zeit von seinem Patron masslos ausgebeutet wurde. Dies war der Fall bei dem Klientelverhältnis, das aus der Freilassung[69] erwuchs und das wir gleichfalls betrachten müssen, weil hier der Gesetzgebung sich mehrfach Gelegenheit bot, zum Schutze des Schwächeren einzugreifen.[70] Dass hier Missbräuche der ärgsten Art vor-

---

[68] Der Patron, wie dessen gens sind Mittelglieder zwischen Klienten und Staat, so dass der Klient das, was ihm versagt ist (Teilnahme an den Institutionen des Staates, an der Staatskirche u. dgl.) beim Patron und dessen gens als Ersatz findet (Voigt, Über Klientel und Libertinität. S. 162), wodurch er also in den Staat organisch eingefügt wird, doch aber vom Bürgerrecht ausgeschlossen erscheint.

[69] Es ist die Freilassung als Mittel benutzt worden, um den nach Freiheit Lechzenden auch noch die Bürde ganz gewöhnlicher Geschäftsobligationen aufzulegen. Man hat aus der Freiheitsgewährung im wahren Sinne des Wortes „Kapital" geschlagen. Glück-Leist. 5. Bd. S. 218.

[70] Die Geschichte der Entwicklung der Klientel, wie sich das alte Institut in zwei verschiedene Rechtsinstitute gespalten — Patronat über den manumissus und Patronat über den Klienten — ist hier nicht weiter zu verfolgen. Ich verweise bezüglich dieser Frage auf die lehrreichen Ausführungen von Voigt, Über die Klientel und Libertinität.

kamen, die für den libertus die Freiheitserlangung illusorisch machten, beweist die vom Prätor zum Schutz der erlangten Freiheit eingeführte exceptio libertatis exonerandae causa.[71] Hier finden wir denn auch in dieser Beziehung zwei Plebiscite, die zu Gunsten der Klienten ergingen, nämlich die lex Publicia und die lex Cincia de donis et muneribus.

Über die erstere lex des M. Publicius Malleolus berichtet Macr. l. 7. 33: cum multi occasione Saturnaliorum per avaritiam a clientibus ambitiose munera exigerent, idque onus tenuiores gravaret, Publicius tribunus plebi tulit, non nisi cerei ditioribus missitarentur und Plutarch Rom. 13 sagt hiezu: ὕστερον — τὸ λαμβάνειν χρήματα τοὺς δυνατοὺς παρὰ τῶν ταπεινοτέρων αἰσχρὸν ἐνομίσθη καὶ ἀγεννές, also ein Gesetz, welches der Ausbeutung der Klienten durch ihre Patrone entgegentrat. Noch umfassender war die lex Cincia, die bekanntlich die Schenkungen über eine gewisse Wertsumme verbot, aber bezüglich gewisser Personen hievon eine Ausnahme machte.

Diese lex rechnete jedoch die Patrone nicht unter die personae exceptae bezüglich der dona der Klienten[72], während auch sie die munera für zulässig erklärte. Die Klienten waren mit einem derartigen Verbot der dona gegenüber der Ausbeutungswut der Patrone entsprechend geschützt. Diese aber suchten sich dadurch zu helfen, dass sie die erst freizulassenden Sklaven eidlich angeloben liessen, ihnen, wenn sie die Freiheit erlangt haben werden, dona, munera und operae zu leisten. Nach der Freilassung liessen sich dann die Patrone dies eidliche Gelöbnis erneuern. Es war dies also „ein Verfahren, welches unverwendbar bei den alten Klienten, nur die manu-

---

[71] Siehe hierzu auch v. Tuhr, Der Notstand im Zivilrecht. Heidelberg 1888. S. 12 ff. Es wird hier die „Exploitierung einer Notlage" als unerlaubt behandelt.

[72] Darüber, dass sie später zu den personae exceptae gezählt wurden, sowie zur ganzen Materie siehe Voigt, Über Klientel und Libertinität. S. 174 ff.

missi im besonderen traf".[73] Für die Fälle, dass der Freigelassene sich dann weigerte, den Eid nochmals zu leisten oder die versprochenen Leistungen zu vollziehen, wurde seit dem Prätor M. Livius Drusus (kurz vor 640) der manumissor dadurch geschützt, dass dem Freigelassenen gegenüber der vind. in servitutem keine defensio gewährt wurde, beziehungsweise, dass ihm vor erlangter Freiheit keine Klage auf Geltendmachung der versprochenen Freiheit gewährt wurde.

Als nun aber die Patrone von dieser Rechtshilfe einen übermässigen und drückenden Gebrauch machten — antea soliti fuerunt a libertis durissimas res exigere, scilicet ad remunerandum tam grande beneficium quod in libertos confertur, cum ex servitute ad civitatem Romanam perducuntur — l 1 pr. D. de bonis lib. 38. 2.[74] — da griff das Edikt des P. Rutilius Rufus[75] ein zum Schutze der Freigelassenen[76], indem es die Rechtsmittel des Patrons auf zwei beschränkte, falls der Freigelassene das eidlich gegebene Versprechen richtig erneuert hatte: im Verweigerungsfalle blieb es allerdings beim früheren Rechte. Sonst aber war der Patron auf die actio operarum, auf den Wert der eidlich angelobten, aber verschuldeterweise nicht geleisteten operae, dona und munera, sowie auf die actio pro socio für den Fall der bei Nichterfüllung strafweise vereinbarten societas omnium bonorum beschränkt; damit bei unverschuldeter Nichterfüllung des Angelobten dem libertus ein Schutz gegen Bedrückung durch den Patron gewährt.[77]

Ferner ist hier zu erwähnen das Edikt über die exceptio

---

[73] Voigt a. a. O. S. 198.
[74] Siehe auch Cic. ad Qu. fr. 1, 1. 4. 13.
[75] L 1 § 1. D. de bon. lib. 38. 2.
[76] L 2 pr. D. de op. lib. 38. 1: Hoc edictum praetor proponit coartandae persecutionis libertatis causa impositorum: animadvertit enim rem idem libertatis causa impositorum praestationem ultra excrevisse, ut premeret atque oneraret libertinas personas.
[77] Siehe auch bez. dieser Fragen die interessante Kombination von Leist in Glück-Leist. 5. Bd. S. 296 ff.

onerandae libertatis, welches verhinderte, dass der Freigelassene wegen eines den Patron verletzenden Benehmens zu einer Vermögensleistung strafweise verpflichtet sei.[78] Wenn im weiteren die lex Iulia de maritandis ordinibus den Freigelassenen, der zwei legitime Kinder erzeugt hatte, von der operarum obligatio befreite, so ist dies auf andere Motive zurückzuführen, als auf das Bedürfnis, den Freigelassenen vor Ausbeutung zu schützen.

Dagegen ist es sehr wichtig und hierher gehörig, dass dem Patron nur unter gewissen Voraussetzungen gestattet ist, sich unmittelbar an Stelle einer Dienstleistung eine Geldleistung auszubedingen.[79] Es war dies nämlich nur dann zulässig, wenn der Patron egens war: sed si libertatis causa pecuniam promittat libertus egenti patrono aut Titio, omnimodo adiectio Titii valet (l 12 D. de operis libertor. 38. 1).[80]

Zum andern ist hier hervorzuheben das Verbot des mercedes capere a liberto. In dieser Hinsicht bestimmt l 32 § 1 D. qui et a quibus 40. 9: Non prohibentur lege Aelia Sentia

---

[78] Siehe hierüber auch Glück-Leist. 5. Bd. S. 293 ff. Wann dasselbe aufgekommen, ist bestritten. Ob die exceptio schon zur Zeit des Rutilischen Ediktes bestand (Leist a. a. O. S. 295) oder nicht (Voigt a. a. O. S. 199) das ist für uns irrelevant. Über die ältere Litteratur siehe Leist a. a. O.

[79] Ein interessantes Seitenstück hierzu sei vermerkt: An sich kann ein Kolone dem Grundherrn ebensogut zu einer Abgabe in Geld, wie in Früchten verbunden sein. Die const. 5 C. de agricolis censitis vel colonis 11. 48 (47) von Valentinian und Valens a. 366 — also spätere Kaiserzeit — an den praeses Tripolitanae, verbietet den Grundherrn, Geld zu verlangen, wo das nicht die consuetudo praedii exigit; sie sollen accipere quod terra praestat. Siehe hierzu His, Die Domänen der römischen Kaiserzeit (1896) S. 88 fl.

[80] Cf. l 1 C. de op. lib. 6. 3: Si tempore manumissionis operae tibi impositae sunt, scis te eas praestare debere. Solet autem inter patronos et libertos convenire, ut pro operis aliquid praestetur, licet pretium non possit, nisi quando propter inopiam pro alimentis id extra ordinem peti necessitas suaserit, cum etsi operae non erant impositae defectis tamen facultatibus patroni alere cum cogebaris.

patroni a libertis mercedes capere, sed obligare eos: itaque si
sponte sua libertus mercedem patrono praestiterit, nullum huius
legis praemium consequetur. Ist hier ausgedrückt, was die lex Aelia Sentia zu verbieten
beabsichtigt, so sagt uns l 25 D. de op. lib. 38. 1 genauer, um
was es sich dabei handelt. Das principium dieser Stelle lautet:
Patronus qui operas liberti sui locat, non statim intellegendus
est, mercedem ab eo capere: sed hoc ex genere operarum ex
persona patroni atque liberti colligi debet. Und, nachdem (§ 1)
auseinandergesetzt wurde, dass wenn jemand einen Pantominen
zum Freigelassenen hat, et eius mediocris patrimonii sit, ut non
aliter operis eius uti possit, quam locaverit eas, dies noch
immer als ein exigere operas, nicht als ein mercedem capere
angesehen werden könne, fährt § 3 so fort: Sed qui operis
liberti sui uti potest et locando pretium earum consequi mallet,
is existimandus est mercedem ex operis liberti sui capere. Siehe
auch l 7 pr. C. de op. lib. 6. 3. Treffend bemerkt Leist[81]
hierzu: „Dieses Verbot des mercedem capere ist der letzte
heilsame Damm gegen ein völliges Ausarten des Dienstinstitutes
gewesen. Diese Bestimmung der lex Aelia Sentia hat wenigstens
verhindert, dass der Grundgedanke der Dienstimposition — Bethätigung persönlicher Hilfsbereitwilligkeit als Dank für das
beneficium der Freilassung -- nicht ganz zu einem Mittel gewöhnlicher Geldspekulation hat umgestaltet werden können. Dass
der Patron den Freigelassenen nicht rücksichtslos ausbeuten
durfte, beweisen auch Bestimmungen wie l 7 § 3 D. de op.
lib. 38. 1: lurare autem debet operas donum munus se prae-
staturum, operas qualescumque, quae modo probe iure licito
imponuntur[82]: l 16 pr. eod: Eius artificii, quod post manu-
missionem didicerit libertus, operas debebit praestare, si haec
sint, quae quandoque honeste et sine periculo vitae praestantur

---

[81] A. a. O. S. 232 ff.
[82] Es kommt auch darauf an, dass sie nicht indecore geleistet würden,
l 48 § 2, eod.

und § 1: Tales patrono operae dantur, quales ex aetate, dignitate, valetudine necessitate proposito, ceterisque eius generis in utraque persona aestimari debent.

L 22 § 2 eod: In omnibus operis praecipue observandum est, ut temporis spatia, quae ad curam corporis necessaria sunt, liberto relinquantur.

L 26 pr. eod. Medicus libertus, quod putaret, si liberti sui medicinam non facerent, multo plures imperantes sibi habiturum, postulabat, ut sequerentur se neque opus facerent: id ius est nec ne? Respondit ins esse, dummodo liberas operas ab eis exigeret, hoc est, ut adquiescere eos meridiano tempore et valetudinis et honestatis suae rationem habere sineret. L 50 § 1 eod. Non solum autem libertum sed etiam alium quemlibet operas edentem alendum aut satis temporis ad quaestum alimentorum relinquendum et in omnibus tempora ad curam corporis necessariam relinquenda.

L 18 und l 19 D. eod.: Suo victu vestituque operas praestare debere libertum Sabinus ad edictum praetoris urbani libro quinto scribit: quod si alere se non possit, praestanda ei a patrono alimenta: aut certe ita exigendae sunt ab eo operae, ut his quoque diebus quibus operas edat, satis tempus ad quaestum faciendum, unde ali possit, habeat, — lauter Fassungen, die beweisen, dass die Bestimmungen nicht aus egoistischen Motiven, sondern zu Gunsten des wirtschaftlich Schwächeren erlassen sind.

IV.

Die angeführten Mittel: Land- und Kornverteilungen und Bekämpfung des Wuchers finden sich auch in der römischen Kaiserzeit: einiges davon haben wir auch bereits im vorstehenden des Zusammenhangs halber hervorgehoben: insbesondere ist die Kornpolitik unter den Kaisern „immer als eine Hauptsorge des Staates betrachtet worden"[83], wenngleich häufig in

---

[83] Roscher, Politik, S. 595.

anderen Formen, als dies in der republikanischen Zeit der Fall gewesen war. Andererseits ist es auch bekannt, dass auch in der Kaiserzeit Landverteilungen vorkamen, allerdings meist im Interesse der Veteranen und der Militärkolonien.[84] Mit den neueren Formen der Kornpolitik, sowie mit der Bekämpfung des Wuchers werden wir uns weiter unten zu beschäftigen haben. Hier wollen wir nur generell konstatieren, dass das römische Kaiserreich neue Lebenskraft entfaltete, und dass nach der auch m. E. richtigen Anschauung ein Hauptgrund darin zu suchen ist, dass die Politik der Gracchen fortgesetzt wurde.[85]

Dass auch die strenge Überwachung durch die römischen Cäsaren viel dazu beigetragen hat, dass auf sie „eine materielle Blüte an der Grenze des allgemeinen Verfalles"[86] zurückzuführen ist, wird dabei keineswegs übersehen.

Wenn wir die hier zu betrachtenden Erscheinungen in der Kaiserzeit anführen, so soll dabei — soweit es nicht im vorstehenden geschehen ist — auch der Vorläufer in früheren

---

[84] Ueber verschiedene Begünstigungen, welche den Veteranen gewährt wurden, siehe l 2, l 3, l 9, C. Th. 7.20. Bekannt ist, dass Caesar den Antrag stellte, das Campanische und Stellagische Feld an 20 000 römische Bürger, vorzugsweise an solche mit drei oder mehreren Kindern zu verteilen. Auch Augustus, Trajan, Hadrian nahmen Landverteilungen an Arme vor, insbesondere auch Nerva und zwar verteilte er ohne jede Beziehung auf das Militärwesen angekauftes Ackerland. Dio Cass. 68. 2. cf. Plin. Epist. VII. 31. l 3 § 1. D. de term. mot. 47. 21: alia quoque lege agraria quam divus Nerva tulit .... Durch Domitian wurden dann die Besitzrechte an den subseciva bestätigt und auf diese Weise die Possessionen in Grundeigentum verwandelt. Siehe Rudorff, Röm. Rechtsgesch. I, S. 43. Dortselbst citiert l 78 § 1, l 87 § 4 D. de leg. 31.

[85] Hildebrand im 12 Bd. seiner Jahrbücher, S. 151. Fisch a. a. O.

[86] Hellwald, Kulturgeschichte in ihrer natürl. Entwicklung, S. 396. So war denn auch in der Imperatorenzeit das Volk im ganzen viel wohlhabender, als in der Republik, und gerade in der späteren Imperatorenzeit scheint dies besonders der Fall gewesen zu sein, da beispielsweise Seidenzeuge, trotz des Transportes aus China bei den unteren Klassen Bedürfniss waren. Roscher, Ansichten der Volkswirtschaft, S. 445. Hellwald a. a. O. S. 367.

Zeiten, des Zusammenhanges halber, gedacht werden. Daraus wird sich dann auch ergeben, ob und inwieweit es richtig ist, wenn Leonhard[87] neuestens lehrt, es habe „der altrömische Adelsgeist durch das christliche Gebot des Kampfes für die Armen und Bedrängten eine neue Vorschrift in seinen Gedankenkreis aufgenommen, welche die bevorzugten Stände des Altertums nicht nur nicht kannten, sondern in späterer Zeit geradezu mit Füssen traten, den Gedanken, dass die bessere Lebensstellung erhöhte Nachsicht, ja sogar eine Pflicht des Schutzes gegenüber dem Hilflosen nach sich zieht."[88] Es wird sich zeigen, ob es wirklich das christliche Gebot erst war, welches diesen Gedanken in das römische Recht hineintrug.[89]

Sicher ist, dass das Christentum auf die spätkaiserliche Gesetzgebung vielfach und entscheidend eingewirkt hat.[90] So,

[87] Roms Vergangenheit, S. 47.
[88] Siehe auch ebendenselben S. 178 und insbesondere Troplong, De l'influence du Christianisme sur le droit civil des Romains, Paris 1849, der den Einfluss des Christentums auf Sklaverei, Eherecht, Elternrecht, Konkubinat, Intestaterbrecht, die Stellung der Frau schildert, doch nach der speziell uns interessierenden Seite wenig vorbringt. Siehe auch Buss, Ueber den Einfluss des Christentums auf Recht und Staat. 1841. S. 20 ff. Dawider Padeletti, Lehrb. der röm. Rechtsgesch., deutsche Ausgabe, bes. von Holtzendorff, Berlin 1879, S. 409 und 378/79. Dass das Christentum, dessen Reich nicht von dieser Welt ist, dem alternden römischen Reich keine neuen Kräfte zuführt, lehrt auch Burckhardt, Die Zeit Konstantins des Grossen, S. 250.
[89] Die Abschaffung der Sklaverei wird meistens dem Christentum zugeschrieben: es unterliegt keinem Zweifel, dass dasselbe unendlich viel dazu beigetragen; „gewiss hat die christliche Religion eine innere Verwandtschaft mit der Idee der persönlichen Unabhängigkeit von einem fremden Willen. Dazu aber, dieselbe geltend zu machen, war die Beihilfe der kaiserlichen Macht unentbehrlich". Ranke, Weltgeschichte. 4. Teil, 2. Abt. S. 18. Siehe auch Maassen, Ueber die Gründe des Kampfes zwischen dem heidnisch-römischen Staat und dem Christentum. Inaug. Rede, Wien 1882, S. 42.
[90] Was den Einfluss des Christentums auf das römische Recht überhaupt betrifft, so spricht sich in dieser Beziehung sehr ablehnend aus Hugo, Röm. Rechtsgeschichte II. Teil S. 213, während Montesquieu,

um auf Einzelheiten nicht einzugehen, im Eherecht, Sklavenrecht, Familienrecht und Prozessrecht. Auf das **Privatrecht** hat jedoch das Christentum nur einen viel geringeren Einfluss auszuüben vermocht.[91] Und wenn es auch sicher ist, dass das Christentum die Humanität in höchstem Sinne des Wortes in die Welt gebracht hat, so dass die Aufopferung für den Mitmenschen ohne Stammes- und Standesunterschied als sittliche Pflicht erscheint[92], so beweist dies nichts für die uns interessierende Spezialfrage nach dem Schutze des wirtschaftlich Schwächeren, wenigstens nichts nach der Seite hin, ob nicht schon früher ähnliche oder gleiche Gedanken in der römischen Gesetzgebung zum Ausdruck gelangt sind. Gegen den **ausschliesslichen** Einfluss des Christentums in der uns berührenden Frage spricht schon die historische Kontinuität, da sich ja der Gedanke des Schutzes des wirtschaftlich Schwächeren schon im ältern Recht vereinzelt findet; andererseits zeigt es eine Summe von Einzelfällen, die wir zu besprechen haben werden und bei denen ein Einfluss des Christentums nicht nachweisbar erscheint.

Ich betone dies ausdrücklich, weil sich in recht zahlreichen Werken das Streben kundgiebt, alles Gute römischer Kaisergesetzgebung, wohin der Schutz des wirtschaftlich Schwächeren gezählt wird — obwohl zahllose Massregeln gänzlich verfehlt waren — als Produkt christlichen Einflusses darzustellen, während die Schattenseiten den Rückwirkungen des Heidentumes zugeschrieben werden.[93] Andere Schriftsteller wollen wieder die

---

l'Esprit des lois lib. 23, cap. 21 in fine den Einfluss als sehr bedeutend bezeichnet. „Le christianisme donna son caractère à la jurisprudence."
[91] Siehe **Schultze**, Geschichte des Untergangs des griechischrömischen Heidentums. Jena 1887—92, II., S. 27 ff. Vgl. **Manso**, Leben Constantin des Grossen. Bibl. histor. Klassiker, 29. Bd. S. 174.
[92] **Wundt**, Ethik, S. 575.
[93] So z. B. **Schmidt**, Die bürgerliche Gesellschaft in der altrömischen Welt und ihre Umgestaltung durch das Christentum. Aus dem Französischen übersetzt von Richard, Leipzig 1857, wo S. 118 der Satz vertreten wird,

wesentlichen Veränderungen in der römischen Kaiserzeit auf den Stoicismus zurückführen, und doch ist es sicher, dass für unsere Frage der Stoicismus nicht in Betracht kommt.[94] Dass es im letzten Jahrhundert der Republik und auch im ersten des Kaiserreiches als eine Schande galt, arm zu sein, dass Talent, Bildung, Sittenreinheit und Adel der Gesinnung nicht entsprechend geschätzt wurden, wenn nicht Reichtum sich ihnen gesellte, bezeugt uns ausdrücklich Horaz in seinen Episteln[95]: quaerenda pecunia primum est, virtus post nummos.[96] Mit Recht bemerkt Hoeck, Röm. Gesch. S. 132, dass die Bürger Reichtum und Armut in einer Weise und in einem Verhältnis getrennt hielt, wie dies in keiner neueren Stadt der Fall ist. Vielen der an Bildung in ihrer Zeit Höchststehenden lag der Gedanke, dass der wirtschaftlich Schwache geschützt werden müsse, fern und noch immer hielten sie mehr an der spartanischen Ansicht fest, den wirtschaftlich nicht Lebensfähigen der Habsucht und Geldgier des Reicheren auszusetzen.[97]

---

dass das ältere röm. Recht für den Schwachen überhaupt weder Schutz noch anregende Mittel besass; siehe auch S. 226, S. 345 ff., S. 408 ff.

[94] Cf. Troplong, a. a. O., p. 49 ff. Schmidt, a. a. O., S. 298 ff., Ueber den Einfluss der Philosophie und deren Schulen überhaupt, siehe Voigt, Das jus naturale aequum et bonum et jus gentium der Römer, I. Bd. S. 250 ff. Pernice Labeo I S. 113 ff.

[95] I. 57—59; 53 ff. Siehe hierzu Rähse im Jahresbericht über die Andreas-Schule für das Schuljahr 1870/71. Spricht doch Juvenal, I. 113, von der Göttin pecunia, der Majestät des Reichtums. Und auch bei Cicero ist das äusserste Schimpfwort der arme Teufel „der Mann aus der 5. Steuerklasse". Dass es Aufgabe des geistlichen Berufes sein könnte, die verwahrlosten Armen zu erziehen, ist dieser Zeit völlig fremd. Siehe Leonhard, a. a. O. S. 55, 57.

[96] Dieser Anschauung entsprach die unwürdige Auffassung der Römer damaliger Zeiten von der Arbeit. Siehe hierüber Oertmann, Die Volkswirtschaftslehre des Corp. jur. civ., Berlin 1891., S. 77 ff. Maassen a. a. O. Nathusius, Die Mitarbeit der Kirche an der Lösung der sozialen Frage, Leipzig 1893—94, II. Bd. S. 210 ff. und Bücher, Die Aufstände der unfreien Arbeiter, Frankfurt 1874, S. 10 ff.

[97] „Die Wohlthätigkeit als Tugend war eigentlich dem Heidentum ein fremder Begriff; weder Cicero de officiis noch Seneca de beneficiis sprechen

Männer aber, welche zur Macht gelangt waren und dadurch mehr Überblick über die Verhältnisse gewannen, kamen, wenn sie von besserer Art waren, wie ihre gesetzgeberischen Versuche zeigten, zu anderen Anschauungen.[98] [99] [100]

[98] davon; das Christentum rief sie aber in der mannigfachsten Weise hervor und die Kaiser haben sie in ihrer Weise mit Gesetzen und Privilegien geschützt und gefördert. Sonst und auf dem Gebiete des eigentlichen Rechts ist vom Einflusse des Christentums nicht viel zu spüren, weder wird die Sklaverei abgeschafft, oder auch nur viel über die Milderungen der Antonine hinausgeführt, noch wird die Grausamkeit des Strafrechts, die Habsucht der Kaiser, die Bedrückung des Volkes gemildert." Bruns in Holtzendorff's Encyklopädie. I. Teil., 2. Aufl. S. 112. Bez. der Verachtung der Armut und darüber, dass man glaubte, sie entehre den Menschen, siehe auch Schmidt, Die bürgerliche Gesellschaft in der altröm. Welt und ihre Umgestaltung durch das Christentum. Leipzig 1857. S. 59 ff.

[99] Damit soll jedoch keineswegs in Abrede gestellt werden, dass vielfach Begünstigungen des armen Volkes auch in der Kaiserzeit aus Gunstbuhlerei geschahen. Doch die, bei welchen dies von vorneherein klar ist, gehören nicht in unsern Zusammenhang. Ueber die Schmeicheleien, welche sich die Kaiser dem Volke gegenüber erlaubten, siehe insbes. Montesquieu, Considérations sur les cause de la grandeur des Romains et de leur décadence. Lausanne 1770. p. 157. Auf die Lichtseiten der Kaiserzeit, geht der — trotz seiner aristokratischen Natur — streng antimonarchisch gesinnte Gegner Caesars und Lobredners Sullas begreiflicherweise nicht ein.

[99] Die spätere Kaiserzeit dachte aber über die Armut als solche anders. Bekannt ist, wie strenge auf den standesgemässen Charakter von senatorischen Ehen gesehen wurde. Hier greift nur 1 7 C. de incestis et inutilib. nuptiis 5. 5 ein: Humilem vel objectam foeminam minime eam judicamus intelligi, quae licet pauper, ab ingenuis tamen parentibus nata sit. Unde licere statuimus senatoribus et quibuscumque amplissimis dignitatibus praeditis, ex ingenuis parentibus natas, quamvis pauperes, in matrimonium sibi accipere, nullamque inter ingenuas ex divitiis et opulentiore fortuna esse distantiam. Die Personen, welche nun der folgende § dieser Stelle anführt als humiles und objectae, wie ancillae und deren Töchter, liberta, scoenicae und deren Töchter, entsprechen allerdings nicht unseren modernen Anschauungen.

[100] Was den Schutz des wirtschaftlich Schwächeren betrifft, so hat Diocletian seine später anzuführenden Gesetze gegeben, derselbe Kaiser, unter welchem im Jahre 304 das furchbarste der Edikte wider die Christen erlassen wurde. Siehe Maassen, a. a. O. S. 31. Zur Dioclet. Christenverfolgung s. auch Hunziker in Untersuchung. zur röm. Kaisergeschichte,

Und während die ältere Zeit, wie wir gesehen haben, den wirtschaftlich Schwachen durch Landaufteilungen und Kornspenden aufzuhelfen versuchte, wenn er darniederlag und durch Wuchergesetze seinen Untergang zu verhindern versuchte, während sie also, mit Ausnahme der Wuchergesetze, half[101], indem sie vom Überfluss der eroberten Länder nicht alles den Reichen zuwandte, indem sie in gewissem Sinn Politik von Fall zu Fall trieb, ist der Schutz, den die spätere Zeit den wirtschaftlich Schwächeren gewährt, ein ganz anderer geworden: sie schützt ihn weder durch thatsächliche (materielle) Hülfe, noch durch Einzelgesetze, sondern auf dem Wege der Abänderung von Gesetzen, durch Aufstellung von Normen, die wenigstens zum Teil als allgemein gültige, aber mit Rücksicht auf die wirtschaftlich Schwächeren geschaffen wurden.

Die Landverteilungen hatten den Armen doch nur gezwungen, sich in die Hände eines reichen Wucherers zu begeben und die Kornspenden hatten schon gar nicht eine wirkliche Abhülfe der Übelstände zu bewirken vermocht. Bedenkt man noch die zahlreichen Kriege, welche zum Teil das zu verteilende Land beschafften, andererseits den Armen von seiner Scholle für lange Zeit entfernt hielten, wo er dann bei seiner Rückkehr sein Gut verschuldet fand oder es verschulden musste, so ist klar, dass die bewusste oder unbewusste Tendenz beim Bekämpfen des Wuchers eine andere sein musste. Dies zeigt uns denn auch der Inhalt der hier einschlägigen Gesetze.

Die ganze Tendenz war dahin gerichtet, das bewegliche Kapital in seiner wirtschaftlichen Bethätigung zu hemmen; ge-

---

hgg. v. Büdinger, II. B., Leipzig 1868, S. 135 ff. und die dortselbst Citierten.

[101] Wobei wir nicht ausser Acht lassen, dass manche Einrichtungen nur scheinbar volksfreundlich waren und andere Zwecke wie Gunstbuhlerei verfolgten, dass es insbes. nicht im wahren Sinne volksfreundlich war, dass die Aedilen aus ihrer Tasche — um gewählt zu werden — Lasten des Staates übernahmen.

wiss aus sozial zu billigenden Gründen; aber der Erfolg war ein gänzlich verfehlter. Denn er lief dem schnurstraks zuwider, was man mit den Landverteilungen erreichen wollte. Man wollte die Anhäufung des Kapitals im modernen Sinn des Wortes in wenig Händen verhindern und man zwang andererseits die Besitzenden, ihr Geld in Grundstücken anzulegen, da ja die Gefahr beim Darleihen von Geld für den Gläubiger eine allzu grosse gewesen war.[102] So kam es denn, dass einerseits infolge der Verschuldung, andererseits infolge von normalem Ankauf von Grundstücken sich Grund und Boden in wenigen Händen ansammelte.

Ein überaus markantes, hier einschlägiges Gesetz war die Verordnung Caesars de modo credendi possidendique intra Italiam.[103] Dieses Gesetz verfügte, dass nur eine bestimmte Quote des Vermögens als foenus verwendet werden durfte, der Rest sollte in Grundbesitz angelegt werden.[104] Über den Zweck dieses Gesetzes sind die Ansichten geteilt. Hoeck[105] erachtet diese Massregel als im Interesse des Bodenwertes und insbesondere des Getreidebaues getroffen. Rodbertus (im V. Band der Hildebrandschen Jahrbücher, S. 302) meint, es sei durch das Gesetz „der Abzweigung eines selbständigen isolierten Banquiergeschäftes" vorgebeugt worden.

Wenn man die Taciteische Stelle betrachtet, so sieht der

---

[102] Dabei ist trotzdem richtig, was auch Buckle, Geschichte der Civilisation in England, Deutsch v. Arnold Ruge, 2. Ausgabe, I. Bd. S. 245 ff. betont, dass Gesetze wider den Wucher nur bewirkt haben, dass der Leihende mehr zahlen muss an Zins, als sonst der Fall wäre, — nämlich die Gefahrsprämie, falls der Wucher entdeckt würde.

[103] Tacitus, Annal. VI. 16. Dion. XLI. 98.

[104] Empfehlungen, sein Geld in Grundbesitz anzulegen, waren eine häufige Erscheinung. Führte man doch mit Rücksicht darauf, dass die Reichen die Grundbesitzer waren, das Wort locuples auf locis plenus zurück. Ueber die hierüber geäusserten Ansichten siehe Paupertatis Opes sive de privilegiis pauperum, authore Antonio Leoncillo Ferrariae 1649, pag. 42. Auch Festus de verb. signif. erklärt locupletes als locorum multorum domini.

[105] Röm. Geschichte I. 3. S. 90.

unbefangene Leser, dass Tacitus das Gesetz mit den Wuchergesetzen in den engsten Zusammenhang bringt; er zählt die wichtigsten Bestimmungen wider den Wucher seit den XII Tafeln auf und endet mit dieser Bestimmung Cäsars. Dabei erwähnt er auch, dass die foeneratores ihr ganzes Geld, um Grundbesitz zu erwerben, angelegt haben (qui feneratores omnem pecuniam mercandis agris condiderant); und diesem Übelstande tritt Cäsars Gesetz gleichfalls entgegen. Cäsar[106] bestimmte, es dürfe jeder Kapitalist, bei sonstiger peinlicher Strafe „nur eine mit seinem italischen Grundbesitz im Verhältnis stehende Summe auf Zinsen ausleihen".[107] Dadurch sollte einerseits dem Wucher, andererseits der Verschuldung italischen Grundbesitzes entgegengetreten werden. In der That konnte dies aber nur bewirken, dass die Kapitalisten noch mehr bestrebt waren, Grundbesitz an sich zu ziehen und dass auf diese Weise, wie überhaupt durch die römischen Wuchergesetze die Anhäufung von Grund und Boden in wenigen Händen gefördert wurde, so wenig man dies auch beabsichtigt hatte. So standen denn damals die Römer der Anhäufung des unbeweglichen Kapitals ebenso hilflos gegenüber, wie wir heute der Anhäufung von beweglichem Kapital in den Händen weniger Besitzender.

Durch Wucher wurde der arme Mann um sein Hab und Gut gebracht und dem Armen, der durch Assignation Land erhielt, wurde es nach kurzer Zeit, wegen der mangelnden Betriebsmittel, von einem Reichen wieder abgenommen, der ihm zur Bewirtschaftung Geld vorgestreckt hatte.[108] Und war es den Vornehmen untersagt, wie z. B. den Senatoren, Geld- und Handelsgeschäfte zu betreiben (Liv. 21. 63), so ist es bekannt,

---

[106] Caesar hatte auch die von Lucullus zum Schutze der Provinz Asia geschaffenen Zinsbeschränkungen auf andere Provinzen ausgedehnt.

[107] Rudorff, Röm. R.-G. I. S. 49, Mommsen, Röm. Gesch. V. 11.

[108] Ueber den Untergang des kleineren römischen Grundbesitzes siehe Rodbertus in Hildebrands Jahrb. f. Nationalökonomie, II. S. 206 ff. Mattiass ebendaselbst, 24. Bd. Neue Folge 10, S. 519.

dass solche Gesetze immer umgangen worden waren. So spricht Petron. c. 76 von per libertos foenerare. Vit. Pertinac. c. 3 heisst es: et mercatus est per suos servos.[109] Das Handeln per interpositam personam, die Umgehung der Gesetze, hat demnach auch viel dazu beigetragen, dass die Verhältnisse in Rom sich so zu Ungunsten der ärmeren Bürgerschaft gestaltet haben, wie sie geworden waren.

Dies ganze Drama fasst Plinius[110] in Kürze in seinem bekannten Satze zusammen: Modum agri imprimis servandum antiqui putavere. Verumque confitentibus latifundia perdidere Italiam, iam vero et provincias.[111]

[109] Friedländer, Sittengesch. Roms, I. Bd., S. 197.
[110] Hist. nat. 18. 7. cf. Liv. VI. 12.
[111] Heisterbergk, die Entstehung des Kolonats, Leipzig 1876, bestreitet dagegen, dass die Latifundien nicht nur Italien, sondern auch die Provinzen zu Grunde richten mussten. Siehe auch Padeletti, Lehrb. der röm. R.-G. S. 198, der die Ansicht als irrig bezeichnet, dass die Latifundien den wirtschaftlichen Ruin Italiens herbeiführten. — Vgl. zu dieser Frage überhaupt Mommsen, die italische Bodenteilung und die Alimentartafeln, Hermes, 19. Bd., S. 414; Julius Jung, Zur Würdigung der agrarischen Verhältnisse in der röm. Kaiserzeit. Siehe ferner: Stein, a. a. O. S. 21; Laveleye, Das Ureigentum, Vorrede S. 12; Hellwald, Kulturgeschichte, S. 399ff; Nitzsch, Gesch. der röm. Republik, hgg. v. Thouret, Leipzig 1889, III. Bd., S. 77ff. Neuestens Hartmann im Archiv für soz. Gesetzgebung und Statistik, 2. Bd., S. 483ff.; E. Meyer, Die wirtschaftliche Entwicklung des Altertums, in Hildebrands Jahrb., 3. Folge, 9. Bd., S. 739; Schulten, Die röm. Grundherrschaft, in der Zeitschr. für Sozial- und Wirtschaftsgesch., Bd. 3, S. 162ff. Gegen Meyer siehe Hartmann im IV. Bd. derselben Zeitschrift S. 153ff. — Ueber den Colonat vgl. weiter: Savigny, Ueber den röm. Colonat, verm. Schriften II., S. 1ff.; Zumpt, Ueber die Entstehung und histor. Entwicklung des Colonats, im Rhein. Museum 1845, S. 1ff.; Kuhn, Verfassung des röm. Reichs I., S. 257ff.; Hegel, Geschichte der Städteverfass. v. Italien, S. 66ff.; Rodbertus, Zur agrar. Entwicklung Roms, in Hildebrands Jahrb. 11., S. 206ff; Fustel de Coulanges, Le Colonat Romain (Recherches sur quelques problèmes d'histoire), Paris 1885, p. 1—185; Revillout, Etude sur l'histoire du colonat chez les Romains (Revue historique du droit français et étranger), 11., 417ff; Schulten, Der röm. Colonat, in histor. Zeitschr. begr. v. Sybel, Neue Folge, 42. Bd., 1. Heft, S. 1ff.; Weber, Römische Agrargeschichte und Karlowa, Röm. Rechtsgeschichte, I., S. 923ff.

Dass es nicht nur in Italien, sondern auch in den einzelnen Provinzen solch eine soziale Frage gegeben hat, ist zweifellos. Leider sind in dieser Hinsicht die Quellen noch nicht im einzelnen durchforscht und gestatten daher keinen Gesamtüberblick. Bezüglich Afrika und Gallien verweise ich insbesondere auf die schönen Ausführungen von Jung a. a. O. —
So zugespitzt hatten sich die Gegensätze zwischen reich und arm: da zeigte es sich denn, dass die bisherigen Versuche, dem wirtschaftlich Schwächeren zu helfen, nicht ausreichend waren, dass sie zum Teil sogar das Gegenteil von dem herbeigeführt hatten, was beabsichtigt worden war.

Da schlug denn die Kaiserzeit einen neuen Weg ein, indem sie, wie in der Wuchergesetzgebung, von dem Prinzipe ausging, den wirtschaftlich Schwachen zu schützen durch Abänderung gesetzlicher Bestimmungen, welche dem Schwachen ungünstig waren; denn hier gilt vor allem der Satz Timons von Athen[112]:

„S'ist nicht genug, dem Schwachen aufzuhelfen.
Man muss ihn ferner stützen."

Hatte die frühere Zeit hie und da versucht, dem Schwachen aufzuhelfen, zu stützen suchte ihn erst die Zeit sozialpolitischer Legislation. Es ist in der Jurisprudenz wie in der Medizin der Gang der Entwicklung der, dass man zuerst bloss bestrebt ist, dem erkrankten Körper zu helfen und erst später zur Erkenntnis gelangt, dass man vor allem dafür zu sorgen habe, dass der Körper überhaupt nicht schwer erkranke.

Nach zwei Seiten that es not, den wirtschaftlich Schwächeren zu schützen: im Rechte und in der Geltendmachung des Rechtes.

Was das letztere betrifft, so ist es bekannt, wie seit den XII Tafeln das Volk von den Juristen abhängig gewesen. Die Verweltlichung des Rechtes hatte die ausschliessliche Macht der Pontifen gebrochen; aber die Schwierigkeit, sich im Prosesse zu bewegen, blieb trotz alledem durch die ganze Zeit der Re-

---

[112] Shakespeare, Timon von Athen, I., 1. Szene.

publik und der arme Mann war dadurch von seinem rechtskundigen Patron auch in dieser Hinsicht abhängig. Die Prosessformulare wurden aufgehoben; das Heer von der Civilverwaltung getrennt; „die Strenge der Prätorianerführer sollte nicht mehr den Grundton der Gerichtsverhandlung bilden". Die Richter sollten nicht mehr „in stummer Gleichgültigkeit die Verhandlungen vor sich abrollen lassen" (Leonhard a. a. O. S. 147). So Konstantin der Grosse. Der Richter hat vielmehr auch als Parteianwalt aufzutreten. L 9 C. de iud. 3. 1: Iudices oportet inprimis rei qualitatem plena inquisitione discutere et tunc utramque partem saepius interrogare, nequid novi addere desiderent cum hoc ipsum ad alterutram partem proficiat . . . Konstantin befördert überhaupt die schnelle und unparteiische Rechtspflege. So befahl er (l 7 Cod. Theod. 1. 16) den Richtern, darauf zu achten, dass den armen Rechtsuchenden nicht etwa die Vorlassung durch die Gerichtsbediensteten erschwert werde: Cessent iam nunc rapaces officialium manus; cessent inquam: nam si moniti non cessaverint, gladiis praecidentur. Non sit venale judicis velum, non ingressus redempti, non infame licitationibus secretarium, non visio ipsa praesidis cum pretio: aeque aures indicantis pauperimis ac divitibus reserentur . . . Hierzu siehe Manso, Leben Konstantin des Grossen, in der Biblioth. histor. Klassiker, 29. Bd. Wien 1819. S. 177 ff. Die Armen sollten, im Falle sie angeklagt wurden, vor keinem anderen Forum zu erscheinen gezwungen werden können, als vor dem Forum der Provinz, in welcher sie wohnen. L 1 pr. C. quando imperator 3. 14. Und anderes mehr.

Und Constantius und Constans erklärten im Jahre 342 (l 1 C. de formul. et impetratione actionum sublatis 2. 57): Iuris formulae aucupatione syllabarum insidiantes cunctorum actibus radicitus amputentur.[113] Also Freiheit der Geschäfte

---

[113] „Die festen juristischen Ausdrucksformen, welche wie Vogelsteller auf Silben lauernd im Hinterhalte liegen, sollen mit ihrer Wurzel aus den

von bestimmten stylistischen Formen und Zwanglosigkeit des Gerichtsverfahrens! So konnte der arme Mann ohne Beihülfe seines rechtskundigen Patrons seine Geschäfte abschliessen, seine Schriftsätze verfassen.[114] Dass beides nicht so unbedingt zu billigen, hat die Erfahrung gelehrt, die die Zwanglosigkeit des Gerichtsverfahrens auch beseitigte.

Nicht nur der Reichere, sondern auch der Einflussreichere war jedoch dem Besitzlosen, dem wirtschaftlich Schwachen, im Prozesse eine grosse Gefahr[115]: hatte früher der arme Mann seinen Prozess wegen der Höhe der Sacramentssumme möglicherweise nicht zu führen vermocht, so wagte er jetzt es nicht, wegen des Einflusses, den sein Gegner im Staats- und Wirtschaftsleben ausübte.[116]

Die Vorläufer der hier einschlagenden Bestimmungen finden sich bereits im römischen Rechte vor der Kaiserzeit. Hier ist vor allem die dedicatio rei controversiosae zu erwähnen.[117] Auf eine solche dedicatio, wodurch dem Eigentümer die Vindi-

---

Geschäften aller herausgeschnitten sein." Leonhard, Roms Vergangenheit, S. 154.

[114] Leonhard, a. a. O.

[115] Dass es nicht nur im Prozesse gewesen, versteht sich von selbst — Siehe beispielsweise 1 1 C. Th. 1. 29; 1 9 C. Th. 3. 1: Venditiones,. donationes, transactiones, quae per potentiam extortae sunt, praecipimus infirmari; 1 1 C. Th. 12. 3.

[116] Andererseits pflegten oft die Angesehensten unter dem Schein des Rechtes die Schwächeren zu vergewaltigen. Als Vorwand für eine solche Handlungsweise diente dann häufig das Rechtsinstitut der Verjährung und gerade darum haben Nerva, Hadrian und Theodosius in dieser Hinsicht Aenderungen durchgeführt. Hierüber siehe neuestens Heymann, das Vorschützen der Verjährung, Breslau 1895.

[117] Ob das Verbot sich bereits in den XII Tafeln findet oder nicht (siehe z. B. Dernburg, Pandekten I., S. 364) ist für uns nicht von Belang. Gajus spricht jedenfalls von ihr lib. 6 ad legem duodecim tabularum (l 3 D. de litigiosis 44. 6): Rem de qua controversia est, prohibemur in sacrum dedicare: alioquin dupli poenam patimur, nec immerito, ne liceat eo modo duriorem adversarii condicionem facere. Sed duplum utrum fisco an adversario praestandum sit, nihil exprimitur: fortassis autem magis adversario, ut id velut solacium habeat, pro eo, quod potentiori adversario traditus est.

cation unmöglich wurde, da die Sache selbst extra commercium kam, war die Strafe des Doppelten gesetzt. Näher mit den im weiteren zu besprechenden Fällen hängt zusammen die alienatio iudicii mutandi causa.[118] Diese findet sich im klassischen Rechte vor und erscheint als ein Vorgehen, welches Schadensersatzpflicht begründet. L 1. 1 2. 1 3 pr. D. de alien. iud. mut causa fact. 4. 7: Omnibus modis proconsul id agit, ne cuius deterior causa fiat ex alieno facto: et cum intellegeret iudiciorum exitum interdum duriorem nobis constitui, opposito nobis alio adversario, in eam quoque rem prospexit, ut si quis alienando rem alium nobis adversarium suo loco substituerit idque data opera in fraudem nostram fecerit, tanti nobis in factum actione teneatur, quanti nostra intersit alium adversarium nos non habuisse. Itaque si alterius provinciae hominem aut **potentiorem** nobis opposuerit adversarium, tenebitur.

L 2 ... aut alium qui vexaturus sit adversarium l 3 ... quia etiam si cum eo qui alterius provinciae sit experiar, in illius provincia experiri debeo et **potentiori** pares esse non possumus.

Hier ist klar ausgesprochen, dass es nicht gestattet sei, im Prozesse einen potentior an seine Stelle zu setzen; dadurch würde eben der Schwächere in der Durchsetzung seines Rechtes wesentlich geschädigt werden. Dieser Grund ist gewiss nicht der einzige für das Verbot der alienatio jud. mut. causa, — aber es ist immerhin **mit ein** Grund gewesen, der sogar ausdrücklich ausgesprochen wurde.

Wieder in anderer Art will l 12 D. h. t. verhüten, dass der potentior, der ja meist auch wirtschaftlich stärker ist, unerlaubte Vorteile geniesse: Si quis iudicii communi dividundo evitandi causa rem alienaverit, ex lege Licinnia ei interdicitur ne communi dividundo iudicio experiatur: verbi gratia ut potentior

---

[118] Ueber diese siehe Ubbelohde in **Haimerls krit. Vierteljahrschr.**, Bd. 4., S. 257ff.; Wetzell, der röm. Vindicationsprozess, S. 23; J. Pfaff, Zur Lehre vom sog. in fraudem leg. agere S. 160.

emptor per licitationem vilius eam accipiat et per hoc iterum recipiat. (Vgl. noch 1 un. C. de alien. jud. mut. 2. 54 (55).) Die hier angezogenen Stellen sind von Gajus, Ulpian und Marcianus und berufen sich auf den proconsul, bez. den praetor und auf ein lex Licinia. Vgl. auch l 92 (91) D. de hered. instituend. 28. 5: Imperatorem litis causa heredem institui invidiosum est nec calumnia facultatem ex principali maiestate capi oportet. Weiters gehört in diesen Zusammenhang l 9 § 5 D. de off. procons. 1. 16 . . . sed si qui per potentiam adversarii non invenire se advocatum dicat, aeque oportebit ei advocatum dare.[119] Ceterum opprimi aliquem per adversarii sui potentiam non oportet: hoc enim etiam ad invidiam eius, qui provinciae praeest, spectat, si quis tam impotenter se gerat, ut omnes metuant adversum eum advocationem suscipere.[120] Der Schutz des wirtschaftlich Schwächeren im Verhältnis zum potentior bildet überhaupt eine stete Fürsorge der späteren Zeit und dies steht ja mit dem Verbot der alienatio jud. mutandi causa in einem gewissen Zusammenhange. L 8 § 2 C. de his qui ad ecclesias confug. l. 12 verweist in dieser Hinsicht auf den archiepiscopus bez. den defensor ecclesiae als Mittelspersonen, die die Sache dem Kaiser kund machen: Qui vero potentem personam timet per archiepiscopun vel ecclesiarum defensores nos adeat. Die Stelle spricht ganz generell. Einzelfälle enthalten nun viele andere Fragmente. So vor allem eine Stelle von Diocletian und Maximian aus dem Jahre 293 (l 1 C. ne liceat potent. 2. 13 (14): Divine admodum constituit divus Claudius consultissimus princeps pater noster, ut iactura causae adficerentur ii. qui sibi potentiorum patrocinium advocassent, ut hoc proposito metu iudiciariae lites potius suo Marte discurrerent, quam potentiorum domorum opibus

[119] Cf. l 1 § 3 D. de postul. 3. 1.
[120] Cf. Vet. cuiusd. iurisc. consult. IX. 5: Lites trahi et sub quodam potentiae terrore infimos fatigari iudiciorum spectat ad invidiam.

niterentur ... § 2. Quare cum intersit et universe omnium et praecipue tenuiorum, qui saepe importunis potentium intercessionibus opprimuntur, inter litigatores audientiam tuam impertire debebis: nec metuas, ne praejudices clarissimis viris, cum divus Claudius huius rei rectorem provinciae et disceptatorem et si res postulat, ultorem, specialiter fecerit. L. 2 C. de off. rect. prov. l. 40 (Constantinus a. 328): Praesides provinciarum oportet si quis potentiorum extiterit insolentior et ipsi vindicare non possunt aut examinare aut pronuntiare nequeunt, de ejus nomine ad nos aut certe ad praetoriam praefecturae scientiam referre: quo provideatur qualiter publicae disciplinae et laesis tennioribus consulatur. (Siehe auch l 4. C. Th. 1. 16.) Zwei Gesichtspunkte spielen hier mit: der alte der publica disciplina und der neuere, dass den dürftigen Armen geholfen werden müsse. L 1 § 1 C. quando imp. 3. 14 (Constantius a. 334): Quod si pupilli vel viduae aliique fortunae iniuria miserabiles iudicium nostrae serenitatis oraverint, praesertim cum alicuius potentiam perhorrescunt, cogantur eorum adversarii examini nostro sui copiam facere (cf. l 2 C. Th. 1. 22). L 1. C. Th. 2. 13 von Honorius und Theodosius sagt: Si cuiuscumque modi cautiones ad potentum fuerint delatae personas, *debiti creditores iactura mulctentur.* Aperta enim credentium videtur voracitas, qui alios actionum suarum redimunt exactores. Gleichlautend l 2 C. ne liceat potent. 2. 13 (14) Hier ist also nicht nur, wie bei der alienatio jud. mut. causa eine actio in factum auf Schadenersatz gewährt, sondern auf ein derartiges Handeln die iactura causae strafweise gesetzt.[121] Am allgemeinsten spricht l 11 C. de off. rect.

---

[121] Damit lassen sich die Zwecke der Bestimmungen des alten Rechtes über Prozessverjährung vergleichen. — Die sich an die cit. lex anknüpfenden Streitfragen (siehe Windscheid, Pandekten, II. Bd., S. 335) berühren uns nicht. Cf. l 1 C. ne liceat potent. 2. 13 (14). Siehe auch Nov. 69 cap. 3 ... sic non putabunt potentiam divitiarum justitiae praevalere und cum iudicantes potentioribus magis quam justiora volentibus et ad pro-

prov. 1. 40 (Honor. et Theod.): Moderatores provinciarum curam gerere jubemus ne quid potentium procuratores perperam inliciteque committant, — gewiss ein beredtes Zeichen dafür, wie sehr es nötig war, den Schwächeren dem potentior und dessen procurator gegenüber zu schützen, aber auch ein Beweis dafür, dass die Kaiser es sich angelegen sein liessen. Nur nebenbei sei erwähnt, dass in 1 8 C. de episcop. audient. 1. 4 die beiden Kaiser bestimmten: Episcopale iudicium sit ratum omnibus qui se audiri a sacerdotibus elegerint, eamque illorum iudicationi adhibendam esse reverentiam, quam vestris referre necesse est potestatibus, a quibus non licet provocare. Per iudicum quoque officia, ne sit cassa episcopalis cognitio, definitioni exsecutio tribuatur. Also eine Bestimmung, die christlichen Prinzipien durch das Schiedsrichteramt des Bischofs Eingang verschaffen sollte und konnte. Eine andere Stelle derselben Kaiser 1 20 § 2 C. de testamentis 6. 23 drückt sich dahin aus: Nemo itaque relictus heres vel legibus ad successionem vocatus nostrum vel potentium nomen horrescat: nemo ferre testimonia in hunc modum vel suscipere gestis huius modi voces audeat nostro vel etiam privatorum potentium nomine.[122] (Siehe auch 1 5 C. Th. 4. 4 und 1 1 C. Th. 2. 14).

Was die Schnelligkeit der Erledigungen von Rechtsangelegenheiten der agricolae betrifft, so schärft diese Justinian in Novella 80 cap. 1 besonders ein: si quidem agricolae sint, intendere quibus nostrorum iudicium horum competunt lites et his imminere velociterque eos eripere difficultatibus, propter quas huc venerunt et festinanter, unde venerunt eos remittere, competentia fruentes.

Eine Bestimmung, die nur gelegentlich hervorgehoben werden

---

vinciis venientibus praestant. Sed tamen novissimus plurima injustitiarum curata ab hac legislatione. Magis autem quantum ad nos est, totum erit sanatum. Namque non aliter tradimus cingula, nisi prius jusjurandum subierint, haec accipientes, juste omnibus judicare et pure servare manus ...
[123] Cf. 1 3 pr. C. de litig. 8. 36.

kann, ist die in l 1 C. de censib. 11. 58 enthaltene, deren Autor Constantin ist[123] (siehe auch C 1 C. Th. 13. 10): Quoniam tabularii civitatum per collusionem potentiorum sarcinam ad inferiores transferunt, iubemus, ut quisque se gravatum probaverit, suam tantum pristinam professionem agnoscat; dies ist also ein Schutz des inferior, des Ärmeren, dagegen, dass ihm nicht Steuern zugemutet werden, die der potentior zu tragen hat, mithin eine Bestimmung, die auf einem anderen Gebiete eben einen analogen Gedanken des Schutzes des wirtschaftlich Schwächeren vertritt.

Die Rechtspflege war bekanntlich in Rom unentgeltlich; es war dem älteren römischen Prozess das Recht des Richters auf Sporteln völlig fremd; der Magistrat konnte keine derartigen Gebühren fordern, höheren Beamten wurden solche überhaupt niemals gezahlt; nur seine Offizialien, Kanzlei- und Exekutivbeamten erhielten im Prozess seit der zweiten Hälfte des fünften Jahrhunderts von den Parteien Sporteln.[124] Was nun diese Sporteln betrifft, so waren die Armen davon ausdrücklich befreit. Dies sagt uns Nov. 17 cap. 3, welche die Zulässig-

[123] Auch Diokletian verbot den Beamten, eine Arbeitslast auf das Hilfspersonal zu überwälzen. Leonhard, Roms Vergangenheit, S. 144.

[124] Siehe zu dieser Materie Bethmann-Hollweg, Gerichtsverfassung und Prozess des sinkenden röm. Reiches, Bonn 1834, S. 241 ff. und die dortselbst angeführten Quellenstellen. Ferner Mommsen, Staatsrecht I., S. 249; Albrecht, Ueber den Armeneid im gemeinen Zivilprozess, in Lindes Zeitschrift für Zivilrecht und Prozess, Bd. 11, S. 90; Reatz, Zur Geschichte des Armeneides, im 2. Bd. der Zeitschr. f. Rechtsgesch., S. 422. — Auf die. zwischen Linde und Reatz sowie Fuchs im 5. Bd. der Zeitschr. für Rechtsgesch., S. 104 ff. bestehende Meinungsdifferenz über die Umwandlung der völligen Kostenfreiheit der Armen nach römischem und kanonischem Recht in eine blosse Stundung der Prozesskosten brauchen wir hier nicht einzugehen. Gegen die herrschende Lehre, wonach die Entstehung des Armenrechtes sich bereits im röm. Recht findet, siehe Sprickmann-Kerkerink im Archiv für kath. Kirchenrecht, Bd. 25, S. 145 ff., der jedoch auch nur gleich Fösser nach ihm (im I. Bd. des Staatslexikon, hgg. im Auftrag der Görresgesellschaft von Bruder) behaupten kann, dass bei den Römern das. Armenrecht als entwickeltes Rechtsinstitut nicht bestanden habe.

keit solcher Sporteln anerkennt bei Personen, welche sufficientes in datione sind, sohin aber erklärt: alioqui etiam gratis lites audire... und Nov. 82 cap. 9 verfügt, dass in Rechtsstreitigkeiten unter 100 aurei die iudices pedanei nicht berechtigt sein sollen. Sporteln einzuheben: nihil eos audientiae causa volumus exigi, qui enim ita parvae quantitati exactionem facit, pro maxima parte victoria sic pauperem fraudat.

Dass armen Personen vom Prätor Rechtsbeistände gegeben wurden, ist gleichfalls bereits erwähnt worden (l 1 § 4 de postulando 3. 1; 1 9 § 5 de off. proc. et leg. 1. 16). Dass solche Rechtsbeistände nun ihre Hülfe unentgeltlich zu leisten hatten, das folgt wohl aus der Bemerkung, welche in l 13 § 9 C. de iud. 3. 1 gemacht wird. Hier heisst es: honorariis scilicet a clientibus, qui dare possint, disertissimis togatis omnimodo praestandis, was doch deutlich zeigt, dass personae qui dare non possunt von der Entrichtung von Advokatenhonorar befreit waren, wenn man bedenkt, dass diese Konstitution vom Kaiser Justinian stammt, also aus einer Zeit, wo bereits besoldete Armenärzte in den einzelnen Stadtteilen Roms existierten. c. 8. 9. 13. Cod. Theod. 13. 3 (de medicis et professorib). c. 9. c. 10. C. Iust. de medic. et profess. 10. 53 (52).[125]

Durch Beistellung von Rechtsbeiständen, durch Weisungen an die Richter, durch Schutz gegenüber dem potentior, durch Vereinfachung des Verfahrens, Wegfall von Sporteln waren also für den wirtschaftlich Schwächeren, wie wir gesehen haben, günstigere Bedingungen geschaffen worden, sein Recht praktisch durchzusetzen.[126]

---

[125] c. 9 C. 10. 53 (52) lautet: Archiatri scientes annonaria sibi commoda a populi commodis ministrari honeste obsequi tenuioribus malint quam turpiter servire divitibus.
[126] Gelegentlich sei hier auch l 2 D. de feriis II. 12 erwähnt, aus welcher kanonistische Schriftsteller den Satz ableiteten: in causis pauperum proceditur non obstantis feriis. Dieselbe lautet, soweit sie uns hier interessiert: Eadem oratione divus Marcus in senatu recitata effecit de aliis speciebus praetorem adiri etiam diebus feriaticis ut puta ut... alimenta

V.

Dass das spätrömische Kaiserrecht sich gerne in allgemeinen Sentenzen ergeht, ist eine bekannte Thatsache. So finden sich denn auch in unserer Materie vielfach derartige Aussprüche generellen Charakters. Nur beispielsweise hebe ich in dieser Beziehung zwei Stellen hervor, nämlich 1 10 § 1 C. arbitr. tutelae 5. 51 (Diocletian et Maximinian a. 294) und 1 3 C. de comm. 4. 63 (Honor. et Theod. a. 408 vel 409). Die erstere besagt: nec enim pauperibus industria vel augmentum patrimonii, quod laboribus ac multis casibus quaeritur, interdicendum est; die letztere: Nobiliores natalibus et honorum luce conspicuos et patrimonio ditiores perniciosum urbibus mercimonium exercere prohibemus, ut inter plebeium et negotiatorem facilius sit emendi vendendique commercium.[127]

Nebst allgemeinen Aussprüchen finden sich aber auch im materiellen Recht und zwar viel mehr als im Processrecht Bestimmungen, welche den Schutz des wirtschaftlich Schwächeren bezwecken. Hier haben wir vor allem die **Alimentationen** anzuführen, als ein Institut, das noch am ehesten an die Versuche der früheren Zeiten zu erinnern vermag. Schon seit Augustus finden wir private Alimentenstiftungen, und nach ihm späterhin viele derartige Stiftungen nach dem Vorbild der kaiserlichen Alimentationen, sowohl in Italien als in den Provinzen.[128] Dieselben standen unter staatlicher Aufsicht.

---

constituantur... — Dass die kanonistische Doktrin alle möglichen Stellen der Digesten, welche Begünstigungen irgend welcher Art enthalten, so z.B. 1 6 D. si cui plus quam per leg. Falc. 35. 3, 1 15 D. de jurejur. 12. 2, 1 114, § 11 D. de leg. I. u. a. m. analog auf die pauperes anwendet, ist eine bekannte Thatsache. Siehe z. B. Paupertatis opes sive de privilegiis pauperum authore Antonio Leoncillo Ferrariae a. 1649.

[127] Siehe auch 1 1 § 3 C. de apoch. publ. 10. 22 und 1 4 C. Th. 8. 11: judices statuimus esse solicitos, ne turpi colludio quaeratur ex miseris pretium gaudiorum. Cf. 1 6 C. Th. 13. 5 und 1 1 pr. § 1 und § 2 C. Th. 8. 11.

[128] Siehe Mommsen, Inscript. regni Neapolit. 4546; Mommsen im Hermes III. 101; Hirschfeld, Röm. Verwaltungsgesch. S. 122; Löning in

Die kaiserlichen Alimentationen dagegen sind von Nerva[129] begründet, von Trajan[130] umfassend ausgeführt worden. Der Zweck, der sie hierbei leitete, war nebst der „Beförderung der Ehen durch Unterstützung der Eltern" und der Versorgung der Waisen, insbesondere auch der „durch Darleihung, vielleicht unkündbarer, Kapitalien zu billigen Zinsen, dem kleinen Grundbesitz in Italien ... einigermassen aufzuhelfen ..." (Hirschfeld, Röm. Verwaltungsgesch. S. 115).

Schönbergs Handbuch der politischen Oekonomie, II. Bd., Tübingen 1882, S. 574; Marquardt, Röm. Staatsverwaltung, II. Bd., S. 137 ff. — Gelegentliche Unterstützungen, auch solche durch die Kaiser selbst, waren eine häufige Erscheinung. So sagt uns Lampr. 21. von Alexander Severus: Pauperibus plerisque sine usuris pecunias dedit ad agros emendos, reddendos de fructibus. Ebenso ist es uns von Hadrian und den Antoninen überliefert.

[129] Aurel. Vict. Epit. 12. Von Nerva wird uns berichtet, dass er puellas puerosque natos parentibus egestosis sumptu publico per Italiae oppida ali jussit. Siehe hierzu auch Dierauer in Büdinger, Untersuchungen zur römischen Kaisergeschichte, I. Bd., S. 54 ff.; Hirschfeld, Philologus XXIX., S. 10 ff.

[130] Dio Cassius 68. 5 berichtet über Trajan: πολλὰ ἐποίει πρὸς τήν τε διόρθωσιν τῶν κοινῶν ... ὡς καὶ ταῖς πόλεσι ταῖς ἐν Ἰταλίᾳ πρὸς τὴν τῶν παίδων τροφὴν πολλὰ χαρίσασθαι ... Siehe hierzu auch Becker-Marquardt, Bd. 3, Abt. 2, S. 109 ff. und 112 ff. Der Charakter dieses Institutes der Alimentationen ist bestritten. Während Bruder (I. Bd. des Staatslexikon der Görresgesellschaft) ihnen den Charakter von Armenanstalten beilegt, führt Contzen a. a. O. S. 396 sie auf politische Gründe und Wohlthätigkeitssinn der einzelnen Kaiser zurück und leugnet, dass sie die Unterstützung der Armut bezweckten. Burckhardt, Die Zeit Constantins des Grossen, S. 381 erblickt hierin nicht den Ausfluss allgemein philantropischen Sinnes, da diese pueri und puellae alimentariae nur Freigeborene und wie es scheint, nur Italiener gewesen seien. Die Absicht sei vielmehr nur dahin gegangen, die dünn gewordene freie Bevölkerung zu heben. — Trifft auch die Bemerkung Burckhards zu, so lässt sich doch die Tendenz der Institution, die Armut zu schützen, nicht leugnen, wenn man bedenkt, dass „vielleicht unkündbare Kapitalien zu billigen Zinsen" dargeliehen wurden; ganz abgesehen davon, dass man eine solche Tendenz bei einem Kaiser anzunehmen berechtigt ist, der ein Waisenhaus für 5000 Kinder gebaut haben soll. Zur Lehre von den Alimentationen siehe überhaupt noch neuestens Pernice Labeo III S. 164 ff. Kniep, Societas Publicanorum, I. Bd., Jena 1896, § 28, S. 404 ff.

Seit dem Ende des zweiten Jahrhunderts werden die Alimentationen in diesem Sinne immer seltener; unter Constantin dürften sie wahrscheinlich nicht mehr bestanden haben. Dafür finden sich anderweitige Unterstützungen von Eltern in Italien, die ihre Kinder nicht selbst zu erhalten vermochten. Ich verweise in dieser Hinsicht bloss auf die beiden Gesetze de alimentis quae inopes parentes de publico petere debent (l 1 und l 2. Cod. Theod. XI. 27).

Mit der Fürsorge für das Getreide hing in der Kaiserzeit die Sorge zusammen, dass in der Stadt ein regelmässiger und nicht zu hoher Getreidepreis herrsche. (Mommsen R. G. I. S. 268.) Als eine ausnahmsweise Erscheinung wird uns dies bereits aus den Zeiten von Tiberius und Nero berichtet[131]. Ersterer liess den Preis für die Käufer feststellen, ersetzte jedoch den Verkäufern ihre etwaige Einbusse (Tacitus Annal. II. 87); von letzterem berichtet uns gleichfalls Tacitus (Annal. XV. 18. 39) pretiumque frumenti minutum. Regelmässig wurden diese Preisregulirungen erst in späterer Kaiserzeit: mit der immer mehr überhand nehmenden Zunftverfassung mussten die Preisregulirungen überhaupt, und nicht bloss bezüglich des Getreides sich häufen.[132] Genossenschaften wurden mit dem Privilegium ausgestattet, Waren ohne Konkurrenz zu erzeugen und zu veräussern; da musste denn andererseits auch das consumirende Publikum gegen allzu hohe Preise geschützt werden, insbesondere wurden auch die Preise bezüglich der Lieferungen

---

[131] Hierzu Hirschfeld a. a. O. S. 131.

[132] Vereinzelt hören wir, dass Claudius eine Taxe für Lebensmittel erlassen haben soll. (Dio Cass. 60. 17. 58. τὰς τιμὰς τῶν ὠνίων διατάξαι). Auch berichtet uns Macrobius Sat. III. 17 (II. 13) von einer lex Cornelia, einer lex cibaria, die eine Maximaltaxe für gewisse Esswaren enthalten habe. — Die zahlreichen Luxusgesetze gehören im übrigen nur insofern zu unserem Thema, als sie den zwischen Arm und Reich bestehenden Gegensatz abschwächen d. h. nach aussen weniger fühlbar machen wollen. Sie sind negative Massregeln; die positiven waren erst der späteren Zeit vorbehalten.

fixirt, welche der Stadt Rom zu Gute kamen (l 2—4 C. Th. XIV. 4. l 37 C. Th. XI. 1. l 2 C. Th. XI. 2. l 2 C. Th. XI. 15. l 4 C. Th. XIV. 4 u. a. m.)[133]

Was die Fixirung des Getreidepreises betrifft, so soll der Marktpreis gezahlt werden; wir werden in dieser Hinsicht wohl annehmen müssen, dass dies einen mit Rücksicht auf die Verhältnisse des Marktes von einem Beamten bestimmten Preis bedeutet. Insbesondere war das Bemühen dahin gerichtet, dass der Preis von den Verkäufern nicht künstlich gemacht werde. Dem widerspricht keineswegs l 3 pr. D. de leg. 48. 12: Imperatores Antoninus et Verus Augusti in haec verba rescripserunt: Minime aequum est decuriones civibus suis frumentum vilius, quam annona exigit vendere.[134]

Instit. § 11 de publ. jud. 4. 18 berichten uns von einer lex Julia de annona und l 2 D. lege Julia de annona 48. 12 giebt über dieselbe nähere Details. Ob dies Gesetz auf Cäsar oder Augustus zurückzuführen ist, ist nicht klar. L 2 sagt: Lege Julia de annona poena statuitur adversus eum, qui contra annonam fecerit, societatemque coierit, quo annona carior fiat.... Es wurden also diejenigen bestraft, welche den Preis des Getreides durch Eingehung eines Ringes oder Cartelles höher hinauf schraubten. Derartige Bestimmungen waren aber natürlich nicht bloss auf das Getreide beschränkt.

Hierher gehören die Vorschriften wider die dardanarii, also Personen, welche durch künstliche Mittel, insbesondere durch

---
[133] Hartmann, Urkunde einer römischen Gärtnergenossenschaft, Freiburg 1892, S. 6.
[134] Cf. l 8 D. ad municip. 50. 1. § 1 der citierten l 3 D. de leg. 48. 12 gehört gleichfalls hierher: Item scripserunt jus non esse ordini cuiusque civitatis pretium grani quod invenitur, statuere. — In älteren Ausgaben steht hier invehitur, wodurch für den entgegengesetzten Fall eine Bestimmung getroffen würde. Der Ratsversammlung steht kein Recht zu, den Preis des Getreides, das eingeführt wird, festzusetzen. Hier ist also im Interesse des Verkehres doch nicht so weit gegangen worden. Läse man invehitur, so würde dies auf eine Fürsorge für andere Municipien deuten, an die nach l 2 C. ut nemini 10. 27 auch gedacht werden kann.

Aufkauf, den Preis der Waaren aus Gewinnsucht in die Höhe treiben. Darüber bestimmt l 6 D. de extraord. crim. 47. 11. Annonam adtemptare et vexare vel maxime dardanarii solent: quorum avaritiae obviam itum est tam mandatis quam constitutionibus. Mandatis denique ita cavetur: Praeterea debebis custodire, ne dardanarii ullius mercis sint, ne aut ab his, qui coemptas merces supprimunt, aut a locupletioribus qui fructus suos aequis pretiis vendere nollent dum minus uberes proventus exspectant, annona oneretur. Poena autem in hos varie statuitur: nam plerumque, si negotiantes sunt, negotiatione eis tantum interdicitur, interdum et relegari solent, humiliores ad opus publicum dari.[135] Weiters ist hier l 1 § 11 D. de officio praef. urbi. l. 12 anzuführen: Cura carnis omnis, ut justo pretio praebeatur ad curam praefecturae pertinet, et ideo et forum suarium sub ipsius cura est; sed et ceterorum pecorum sive armentorum, quae ad huius modi praebitionem spectant, ad ipsius curam pertinent.

Hierher gehört auch die Bestimmung Valentinians vom Jahre 364, wonach die Bischöfe zu überwachen hatten, dass nicht zu hohe Preise von den Kaufleuten gemacht würden: l 1 C. de episcop. audientia l. 4. Negotiatores, si qui ad domum nostram pertinent, ne commodum mercandi videantur excedere, Christianos, quibus verus cultus est, adiuvare pauperes et positos in necessitate provideant. (Siehe auch l. 5 C. Th. 13. 1.)

Ferner ist hier auch l 2 C. ut nemini liceat 10. 27, aus der Zeit zwischen 491—505 wegen der in ihr enthaltenen Bestimmungen zu erwähnen: Οἱ τὰς πόλεις οἰκοῦντες ἢ ἐν αὐταῖς κεκτημένοι μὴ ἀναγκαζέσθωσαν εἰς ἑτέραν πόλιν ἢ εἰς τὴν μητρόπολιν εἴδη χορηγεῖν. Εἰ δὲ καί τις ἀπαραίτητος αἰτία καταναγκάσει τοῦτο γενέσθαι τοῖς δικαίοις τιμήμασι τοῖς ἐν ἐκείνῃ τῇ πόλει κρατοῦσιν, ἐξ ὧν τὰ εἴδη παρέχεται, πιπρασκέτωσαν, ἐκείνων ταῦτα μετα-

---

[134] Zu solchen Beeinträchtigungen der annona gehören auch weiter die staterae adulterinae l 6 § 1 D. de extraord. crim. 47. 11. l 37 D. de poen. 38. 19 u. andere m.

κομιζόντων τῶν δεομένων τῶν εἰδῶν. Hier richtet sich der Verkaufspreis nicht nach dem Orte, wohin bei Mangel das Getreide verkauft wird, sondern der Preis ist nach dem Orte zu berechnen, wo der Überfluss herrscht. § 2. Ὑπολογιζέσθω δὲ τοῖς πιπρίσκουσι τὰ τιμήματα τῶν εἰδῶν εἰς τὰ συντελούμενα παρ' αὐτῶν ἐν χρυσῷ δημόσια; οὐδὲ γὰρ δίκαιον νῦν μὲν ἀπαιτεῖσθαί τινα παρέχειν εἴδη μετὰ χρόνον δὲ αὐτῷ τὰ τιμήματα λογίζεσθαι, οὕτως εὐθηνίας γενομένης. § 3. Τοῦ λαμπροτάτου ἄρχοντος ἑκάστης ἐπαρχίας ἐγκινδυνεύοντος εἰς τὸ καταλογίζεσθαι τὰ τῶν εἰδῶν τιμήματα κατὰ τὰς ὡρισμένας προθεσμίας ὑπὲρ αὐτῶν ἐκπέμπεσθαι. § 4. Μηδεὶς δὲ ἀναγκαζέσθω πιπράσκειν πᾶσαν χρείαν αὐτοῦ, ἀλλὰ τὰ ἐκπεριττεύοντα εἴδη; ἀσεβὲς γάρ ἐστιν ἀποστερεῖσθαί τινα τῶν οἰκείων καὶ ἑτέροις ταῦτα χορηγεῖν· ᾧ χρυσίου λίτρας ὑφισταμένου ζημίαν καὶ κινδυνεύοντος εἰς τὴν ἀξίαν καὶ τὴν ζώνην αὐτοῦ τοῦ παραβαίοντος τὸν νόμον ἢ συγχωροῦντος αὐτὸν παραβαθῆναι.[136]

Aus dem Bestreben, für die wichtigsten Lebensmittel die Preise nicht der Willkür der Händler zu überlassen, ging auch das merkwürdige, seinen Zweck völlig verfehlende edictum de pretiis rerum venalium von Diocletian, das sog. Maximumedikt vom Jahre 301 hervor.[137] In diesem waren überaus umfassende Preisbestimmungen für Nutzungsgegenstände aller Art enthalten[138], „wonach die wichtigsten Nahrungsmittel, Kleidungs-

---

[136] Das christliche Prinzip vom armen Jüngling ist den Römern allerdings nicht homogen gewesen; aber andererseits ist es doch sehr charakteristisch, dass man es für notwendig fand, ausdrücklich zu betonen, es gebe keinen Zwang totam suam copiam vendere: dies lässt tief blicken. Zudem sagt uns die Stelle ausdrücklich, dass es bezüglich der superfluus species einen solchen Zwang gegeben habe.

[137] Neue Ausgabe von Mommsen nnd Blümer. — Auch im C. J. L. III. 2. p. 801—841.

[138] Mommsen, Das diokletian. Edikt über die Waarenpreise, Hermes, 25. Bd., S. 17 ff., insbes. über die Aenderung im Münzsystem; Bücher, Die diokletianische Taxordnung vom Jahre 301, in der Zeitschrift für die ges. Staatswissenschaft, 50. Bd., S. 193 ff.; Seeck, Die Schatzordnung Diokletians, in der Zeitschr. für Sozial- und Wirtschaftsgeschichte, 4. Bd., 8. 288 ff.; Seeck, Geschichte des Untergangs der antiken Welt, I. Bd., S. 5;

stücke und Stoffe, ferner die Lohnarbeiten und eine Anzahl von Werkzeugen und sonstigen Gebrauchsgegenständen im Umfange des ganzen römischen Reiches denselben Preis haben sollten".[139] Seine Entstehung verdankte es, wie wir wissen, den damals allgemeinen Geldcalamitäten, denen der Kaiser dadurch auch abzuhelfen glaubte.[140] Dass es aber trotzdem ein Gesetz zu sein beabsichtigte, welches dem wirtschaftlich Schwächeren seinen Schutz angedeihen lassen wollte, beweist schon die Einleitung zu diesem Edikt zur genüge, indem darin gesagt wird, dass der grossen Masse der Bevölkerung billige Nahrungsmittel beschafft werden sollen. Weiter spricht auch der Umstand dafür, dass der Preis der Objekte erster Güte verhältnismässig sehr hoch war gegenüber dem der minderen Qualitäten, die doch Gegenstand der Käufe des minder Bemittelten, wirtschaftlich Schwächeren waren. Lépaulle L'édit de Maximum et la situation monétaire de l'empire sous Diocletien 1886 p. 21 hebt diese Thatsache hervor, ohne daraus die für uns wichtige Konsequenz zu ziehen: Il y a dans le détail des tables de l'édit un point, qui frappe particulierement, c'est la difference énorme qui existe dans les prix des objets, entre la première qualité et les qualités inferieurs. In diesem Sinne gehört das Maximumedikt in unseren Zusammenhang, obwohl wir uns nicht verhehlen, dass das edictum de pretiis rerum venal. gleichwie die Massregeln betreffend das Getreide, die Fleischpreise und dergleichen, nicht nur den Schutz des Schwächeren bezwecken, sondern auch dem

---

Preuss, Kaiser Diokletian, S. 114 ff.; Burckhardt, Die Zeit Constantins des Grossen, Leipzig 1880, S. 61 ff. und die dortselbst Citierten.

[139] Steinbach, Erwerb und Beruf, Wien 1896, S. 8.

[140] Darüber, dass dies Gesetz zwar im allgemeinen keine Nachahmung gefunden, die Sache selbst aber auf zahlreichen Einzelgebieten auch heute in allgemeiner Anwendung steht, so die Tarife für Advokaten, Notare, Apotheker, unter Umständen auch ärztliche Leistungen, insbes. auch bezüglich der Artikel im Kleinverkauf, die zu den notwendigsten Bedürfnissen des täglichen Lebens gehören (§ 61 der Gewerbeordnung) siehe Steinbach a. a. O. S. 7.

Bemittelten zu gute kommen sollten. Namentlich das ed. de pret. rerum venal., das für das ganze Reich gleiche Preise wollte, muss auf einem umfassenderen Gedanken beruht haben. Dafür spricht auch der Umstand, dass auch die hohen Preise für Objekte erster Güte darin geregelt waren. Da aber der Gedanke des Schutzes des wirtschaftlich Schwächeren sicher mit ein Motiv beim Erlass dieses Gesetzes gewesen war, musste es hier angeführt werden. Das Edikt wurde übrigens, nachdem es nicht nur seinen Zweck nicht erreicht, sondern geradezu das Gegenteil bewirkt hatte, bald aufgehoben. Lact. mort. pers. c. 7. — Trotzdem finden sich auch im späteren Rechte noch Bestimmungen, die den Preis für Lebensmittel fixirten, wie l 1 C. Th. 14. 20 (anno 413), l 1 C. Th. 14. 19 (anno 398) Cf. l 1 C. Th. 14. 15, l 2 C. Th. 14. 4. Doch wird hierbei auf lokale Verhältnisse Rücksicht genommen, quoniam non semper, nec in omnibus locis una est forma pretiorum . . . (l 2 C. Th. 14. 4).

Hier ist auch der Bestimmung des Kaisers Zeno vom Jahre 483 zu gedenken, die sich gegen das Monopolisieren und gegen die Vereinigung mehrerer Personen richtet, nur zu einem bestimmten Preise zu verkaufen, also ein Ankämpfen wider eine Erscheinung, die den modernen „Ringen" und „Kartellen" vergleichbar ist.[141]

L 2 (1) C. de monopoliis et de conventu negotiatorum illicito 4. 59: Jubemus ne quis cuiuscumque vestis aut piscis vel pectinum forte, aut echini vel cuiuslibet alterius ad victum vel ad quemcumque usum pertinentis speciei vel cuiuslibet materiae pro sua auctoritate vel sacro iam elicito aut in posterum eliciendo rescripto aut pragmatica sanctione vel sacra nostrae pietatis adnotatione monopolium audeat exercere neve quis illicitis habitis conventionibus coniuraret aut pacisceretur, ut species diversorum corporum negotiationis, non minoris, quam inter se statuerint, venumdentur. . . .

---

[141] Siehe auch das bereits anlässlich l 3 D. de leg. J. 48. 12 und Just. § 11 de publ. cud. 4. 18 Gesagte.

Ceterarum praeterea professionum primates, si in posterum aut super taxandis rerum pretiis aut super quibuslibet illicitis placitis ausi fuerint, convenientes huiusmodi sese pactis constringere, quinquaginta librorum auri solutione percelli decernimus. . . .

Auch von Justinian ist uns ein Edikt überliefert, welches Kaufleuten und Handwerkern bei Strafe einschärft, die hergebrachten Preise zu verlangen. Edict. Just. 122 (6 de formula artificum): συνείδομεν . . . μηδένα τοῦ λοιποῦ τολμᾶν πραγματευτὴν ἢ ἐργάτην ἢ τεχνίτην ἐξ οἵα δήποτε μεθόδου ἢ ἐμπορίας ἢ γεηπονίας πλείονα τῆς παλαιᾶς συνηθείας ἐπιζητεῖν τιμήματα ἢ μισθούς, κελεύομεν καὶ τοὺς τὰς μετρήσεις τῶν οἰκοδομικῶν καὶ γεηπονικῶν καὶ τῶν ἄλλων ἔργων ποιοῦντας μηδὲν πλέον λογίζεσθαι τοῖς ἐργαζομένοις, ἀλλὰ καὶ αὐτοὺς τὴν ἀρχαίαν συνήθειαν φυλάττειν. ταῦτα δὲ παραφυλάττειν κελεύομεν καὶ τοὺς ἐπιτάττοντας οἱαδήποτε ἔργα ἢ καί τινα ἤδη ὠνουμένους . . . [142]

Endlich zeigen uns auch die Bestimmungen, von welchen uns Cassiodor in seinen Variae Mitteilung macht und die unzweifelhaft vom römischen Reich übernommen worden waren, aufs deutlichste, wie fürsorglich auf die Einhaltung des festgesetzten Preises gesehen wurde. Da wir auf diesem Umwege von römischrechtlichen Bestimmungen eine abermalige Bestätigung erhalten, so seien die Stellen Cassiodors hier erwähnt. So hören wir von einem Edikt für Ravenna, das eine Liste von Lebensmittelpreisen enthielt (Variae XI. 11); ferner wird den defensores und den curatores civitatis aufgetragen, die Einhaltung der statuta pretia genau zu überwachen. (Variae VII. 11, VII. 12.) Endlich wird XI. 12 berichtet, dass miles noster

---

[142] Hartmann, Urkunde einer römischen Gärtnergenossenschaft, S. 7. Uebrigens hat andererseits Justinian die Fixirung der Preise den Kaufleuten in Konstantinopel selbst zu überlassen versucht, gegen Bezahlung einer jährlichen Steuer, ein Vorgehen, das Procop. Anecdota 20 als höchst schädlich — damit dem Zeitgeiste folgend — bezeichnete.

in rem directus pretia cum civibus atque episcopis locorum, habita deliberatione censuerit.¹⁴³ Gleichfalls auf Diocletian ist die laesio enormis, als Schutz des wirtschaftlich Schwächern, zurückzuführen. L 2. C. de rescind. vend. 4. 44: Rem majoris pretii, si tu vel pater tuus minoris pretii distraxit, humanum est, ut vel pretium te restituente emptoribus, fundum venditum recipias auctoritate intercedente iudicis, vel si emptor elegerit, quod deest iusto pretio recipies. Minus autem pretium esse videtur, si nec dimidia pars veri pretii soluta sit.¹⁴⁴ Dies ist, wenn es sich auch nicht verbotenus ausgesprochen findet, gewiss eine Institution, die bezweckt, dass Leute, welche in Notlagen zu veräussern gezwungen sind, nicht deshalb noch um den Wert ihres Eigentums betrogen werden. Gewiss kann man einer solchen Massregel gegenüber, die dem bekannten Paulinischen Ausspruch in 1 22 § 3 D. loc. cond. 19, 2 gänzlich entgegengesetzt ist, mit Endemann¹⁴⁵ behaupten: „es bedarf wohl kaum einer Hinweisung, dass eine solche Bestimmung in der Blütezeit des römischen Rechts nicht möglich gewesen wäre: die Einmischung solcher vermeintlicher Schutzmassregeln kennzeichnet schon deutlich die Periode des Verfalles"¹⁴⁶, — aber für die uns berührende Seite der Frage ist das ganz irrelevant. Uns genügt es zu konstatieren, dass in der laesio enormis, die ja damals ein noch wenig entwickeltes Institut war¹⁴⁷, sich ein gewisser

---
¹⁴³ Hartmann a. a. O.
¹⁴⁴ Cf. l 8 in fine Cod. eod.
¹⁴⁵ Hildebrands Jahrb. für Nationalökonomie, 1863, Note 314.
¹⁴⁶ Siehe auch Dankwardt a. a. O. S. 86 ff.; Oertmann, Die Volkswirtschaftslehre des corpus jur. civ., Berlin 1891, S. 40, 41; Chambon, Beiträge zum Obligationenrecht, S. 113 ff. Vgl. die abweichende Ansicht von Bruder, Zur ökonomischen Charakteristik des röm. Rechts, in der Zeitschr für die gesamte Staatswissenschaft, Bd. 32, S. 642.
¹⁴⁷ Siehe jetzt auch österr. Gesetz vom 27. April 1896, Nr. 70 R.-G.-B., betreffend Ratengeschäfte, § 4: Der Käufer kann sich auf laesio enormis auch berufen, wenn er den wahren Wert der Sache gekannt oder sich er-

Schutz des wirtschaftlich Schwächeren, der um jeden Preis zu verkaufen genötigt ist, vorfindet.[148] In allen Constitutionen, welche dieser Vorschrift erwähnen[149], ist immer nur vom Verkäufer die Rede, was wohl entschieden für die von uns vertretene Anschauung spricht, dass es sich um einen Schutz des notgedrungen Veräussernden handle: ob nicht etwa historisch der Ausgangspunkt der laesio enormis Grundstücke gewesen sein mögen, das muss dahingestellt bleiben. Wahrscheinlich wird es dadurch, dass sonst Diocletian kaum Veranlassung gehabt hätte, sein Maximumedikt zu erlassen und dass auch in l 1 C. Th. 3. 1 von Constantin auf l 2 und l 8 C. de resc. vend. 4. 44, bezüglich des Getreidehandels keine Rücksicht genommen ist.[150]

Ein weiterer Fall der Fürsorge für denjenigen, der zu verkaufen genötigt ist, ist der des pignus in causa judicati captum.[151] Die Entwicklung war die: Noch ein Rescript von Septimus Severus und Caracalla erlaubte den Zuschlag an den Gläubiger nur dann, wenn sich gar kein anderer Käufer fand. (L 15 § 3 D. de re iudicata 42. 1.) Alexander Severus nun gestattete in der c. 2. C. si in causa jud. pign. 8. 22 (23)[152], dass der Gläubiger auch mit anderen Kauf-

---
klärt hat, sie aus besonderer Vorliebe um einen ausserordentlichen Preis zu übernehmen, oder wenn das Geschäft ein Handelsgeschäft ist, oder wenn er auf das Rechtsmittel verzichtet hat. Auch ist Vereinbarung auf eine kürzere als die dreijährige Verjährungszeit unwirksam.

[148] Siehe übrigens auch das günstigere Urteil G. Hartmanns bezüglich der laesio enormis im Archiv für die civ. Praxis, Bd. 73, S. 355.

[149] L 4, l 12, l 15 C. de rescind. vend. 4. 44.

[150] Zachariae in der Zeitschr. der Savignystiftung, Rom. Abt., IV. Bd., S. 58 ff.

[151] Vgl. Fleischmann, Das pignus in causa judicati captum, Breslau 1896, bes. § 17, S. 82 ff.

[152] Cum in causa judicati aliqua res pignori capitur, per officium eius, qui ita decrevit, venumdari solet, non per eum, qui judicatum fieri postulavit. Et si alio emptore non existente, vel existente quidem sed non dignum pretium offerente, is cui iudicatus satis non fecit, ad licitationem secundum constituta fuerit admissus, cuiuslibet alterius vice ex officio emere debet.

lustigen konkurrieren darf, wofern diese kein dignum pretium bieten. Der Exekutor hat allerdings darauf zu achten, dass die Sache nicht verschleudert wird, er kann zur Erzielung des dignum pretium, wenn die erste Versteigerung ein solches nicht ergiebt, nach seinem Ermessen wiederholte Versteigerungstermine ansetzen. (c. 3. C. de exsecutione rei jud. 7. 53 arg. v. „diu subhastatas".)

VI.

Das Gebiet, das die wichtigsten Vorschriften enthält, die im Interesse des wirtschaftlich Schwächeren erlassen wurden, ist das Obligationenrecht, wiewohl sich auch auf anderen Gebieten Erleichterungen und Begünstigungen der wirtschaftlich Schwächeren vorfinden; aber selbstverständlich ist das Obligationenrecht an solchen Vorschriften verhältnismässig am reichsten, da es ja das Gebiet ist, auf welchem sich zwei Paciscenten gegenübertreten, womit Veranlassung gegeben ist, der rücksichtslosen Willkür und Habsucht des einen dem andern gegenüber entgegenzutreten.[133]

---

[133] Dass viele der hier einschlagenden kaiserlichen Bestimmungen keine Billigung verdienen, indem sie für den Verkehr Hemmnisse waren und so dem Reichtum des Staates schädlich wurden, sei gleich Eingangs hervorgehoben. (Siehe auch Leonhard, Roms Vergangenheit, S. 184.) Dass dagegen viele Vorschriften insb. Justinians, welche sich auf das Familienrecht beziehen und die Stellung von Frau und Kindern in familienrechtlichen und vermögensrechtlichen Fragen regeln, so auch insbes. bezüglich des Erbrechtes, heilsam gewesen sind, hebt Leonhard a. a. O. treffend hervor. Auf diese Fragen haben wir jedoch nicht näher einzugehen, da wir de lege lata und nicht de lege ferenda sprechen. Auf diesem Gebiete wäre vielleicht für die Gegenwart gleichfalls Gelegenheit, von der spätrömischen Gesetzgebung zu lernen, wenn auch in anderm Sinne, als bezüglich des Verkehrsrechtes. Die einzelnen Bestimmungen, z. B. Nov. 18 praef. in fine, Nov. 53, Cap. VI, Nov. 117 cap. V u. cap. VII u. a. m. bedürfen hier keiner Erörterung. — Dass hier vieles auf den Einfluss des Christentums zurückzuführen sei, behauptet Kuntze, Cursus der Institut., § 970, was wieder von Padeletti bis auf die Bestimmungen

Allerdings handelt es sich hier um ganz allgemein eintretende Vorschriften, die auch einem nicht schlecht gestellten Kontrahenten zu Gute kommen. In diesem Sinne ist denn auch die Kaiserzeit geneigt, dem Schuldner gegenüber überhaupt mit der grössten Milde vorzugehen. Sie thut es, weil sie im Schuldner einen wirtschaftlich Schwächeren zu sehen geneigt ist, der des Schutzes bedarf und ihr desselben würdig zu sein scheint, im Unterschied von dem älteren Rechte, das den Schuldner bekanntlich möglichst streng zu behandeln bemüht war. Vor allem anderen ist hier das Darlehen zu erwähnen. Da das Darlehen der Hauptfall ist, so sei hier das Zinsmaximum, das Justinian bestimmte, angeführt. In l 26 § 1 und 2 C. de usuris 4. 32 bestimmt er für die Gesamtheit 6%, für Kaufleute und Fabrikanten 8%, für personae illustres nur 4%: Super usurarum vero quantitate etiam generalem sanctionem facere necessarium esse duximus, veterem duram et gravissimam earum molem ad mediocritatem deducentes. Ideoque iubemus illustribus quidem personis sive eas praecedentibus minime licere ultra tertiam partem centesimae usurarum in quocumque contractu vili vel maximo stipulari: illos vero qui ergasteriis praesunt vel aliquam licitam negotiationem gerunt, usque ad bessem centesimae suam stipulationem moderari . . . ceteros autem omnes homines dimidiam tantummodo centesimae usurarum posse stipulari . . .

Für Landleute bestimmte Justinian ferner in der Nov. 34, dass nur 4% Zinsen gestattet sein sollten; also eine Moderation im Interesse des meist wirtschaftlich dem Geldgeber gegenüber schwächeren Landmannes. Aber abgesehen von diesen Zinsenbeschränkungen findet sich betreffs des Darlehens noch eine wichtige Bestimmung zu Gunsten der wirtschaftlich Schwächeren in der querela non numeratae pecuniae. Ob die gleich zu

---

bezüglich der Ehescheidung und der l Papia bestritten wird. Für die erstere Ansicht neuestens auch Leonhard a. a. O. S. 183, m. E. mit Recht.

erwähnenden, hier geltenden Regeln bloss eine Spezialität für Darlehnsscheine seien, oder ob sie auch für Empfangsbekenntnisse über darlehnsartige Geschäfte gelten, d. h. Geschäfte, welche wie das Darlehen auf generische Rückgabe einer hingegebenen Quantität fungibler Sachen gerichtet sind, ist bekanntlich bestritten. Ich stehe nicht an, die Frage im letzteren Sinne zu beantworten. Einerseits kommt es nämlich auch bei solchen Geschäften, z. B. beim Quasiususfructus, bei der Loc. cond. irreg., dem pign. irregul. leicht vor, dass der Empfangschein schon in vorhinein ausgestellt wird und andererseits bestimmt die l 14 pr. C. h. t. (de non num. pec. 4. 30) die Anwendbarkeit der exc. n. n. p. ausdrücklich auf Kontrakte in quibus pecuniae vel aliae res numeratae vel datae esse conscribuntur und das ist doch wohl etwas mehr als das Darlehen allein. Endlich aber spricht für die hier vertretene Ansicht, dass im § 1 des eben citierten Gesetzes Scheine über ein depositum certae pecuniae als frei von der excep. n. n. p. erklärt werden, — eine Bestimmung, die ganz überflüssig gewesen wäre, wenn sich die Einrede überhaupt nur auf Darlehensscheine bezöge.

Bleiben wir aber beim Darlehen und der hierbei möglichen querela n. n. p.[134] Man hatte die Erfahrung gemacht, die man auch bei uns noch häufig machen kann, dass nicht selten Schulddokumente ausgestellt wurden, b e v o r noch dem Schuldner das Darlehen wirklich zugezählt worden war, sei es um den Gläubiger in vorhinein die Urkunde zu seiner Deckung in die Hand zu geben, sei es darum, weil er damit sofort die Möglichkeit bekam, dieselbe als Repräsentanten der in Aussicht genommenen Forderung in den Verkehr zu bringen, sie zu cedieren oder zu verpfänden. Ganz so stellt man ja auch heutzutage mit Vorliebe Wechsel aus, nicht weil man schon Geld bekommen hätte,

---

[134] Hierzu Gneist, Die formellen Verträge des neuern römischen Obligationenrechts, Berlin 1845, S. 7 ff.

sondern um sich das Geld erst durch den Verkauf der Wechsel zu verschaffen. Je häufiger dergleichen nun vorkam, desto unsicherer wurde der Schluss, dass der Gläubiger, in dessen Hand eine solche Urkunde war, dem Aussteller das Geld auch wirklich zugezählt habe. Andererseits aber musste man sich sagen, dass ein halbwegs vorsichtiger Aussteller (Schuldner) einer solchen Urkunde dieselbe doch wohl nicht sehr lange Zeit in den Händen des Gläubigers belassen werde, ohne sich zu rühren, wenn er das Geld nicht wirklich empfangen habe. Der Schluss, den man aus dem Vorhandensein der Urkunde auf die Wahrheit der bezeugten Zuzählung ziehen konnte, gewann daher an Zuverlässigkeit, je länger der Gläubiger die Urkunde ohne Anfechtung seitens des Ausstellers besass. Auf Grund dieser Thatsache entwickelte sich eine sehr eigentümliche Schmälerung der Beweiskraft solcher Empfangsbekenntnisse. Die eigentliche Genesis derselben kennen wir freilich nicht; in den Pandekten ist sie gar nicht erwähnt und wo sie in Konstitutionen aus dem Ende des zweiten und Anfang des dritten christlichen Jahrhunderts vorkommt, da lässt sich unschwer eine ungeschickte Interpolation erweisen. Die ersten sicheren Spuren derselben finden sich in den letzten Regierungsjahren Caracallas, und es scheint, dass kaiserliche Rescripte sie nicht sowohl einführten, als vielmehr nur die durch die Praxis gegebene Anregung zu derselben anerkannten und dann näher bestimmten. Die Beschränkung der Beweiskraft des Empfangscheines besteht aber darin, dass der Aussteller durch rechtzeitigen Protest — innerhalb zweier Jahre — gegen denselben ihm die Beweiskraft für immer und gänzlich entziehen kann. Protestiert er aber nicht rechtzeitig, dann beweist der Schein mit unwiderleglicher Kraft; und wird der rechtzeitig eingebrachte Protest als falsch nachgewiesen, so trifft den Protestierenden empfindlicher Vermögensnachteil. Dies ist im wesentlichen die Lehre von der quer. n. n. pecuniae. Schon diese flüchtige Betrachtung zeigt uns, dass bei diesem eigentümlichen Institut Sonne und Wind zwischen den Parteien nicht gleich verteilt sind. Denn um zu hindern, dass ein gewissenloser Gläubiger den Schuldner zur Bezahlung eines nicht empfangenen Darlehns nötige, wird eine Einrichtung getroffen, die es dem schlechten Schuldner möglich macht, dem Gläubiger ein wirklich empfangenes Darlehen vorzuenthalten. Und wenn dann die zwei Jahre um sind, steht wieder der Schuldner sehr schlecht, während es doch leicht möglich ist, dass sein zweijähriges Schweigen ein sehr entschuldbares ist (indem er z. B. keine Kenntnis hatte von dem Darlehnsschein, den sein Erblasser kurz vor seinem Tode ausgestellt hatte u. dgl.) und nun zahlen muss, trotzdem er vielleicht den Nichtempfang des Darlehens beweisen könnte. Der letzten Schwierigkeit hat zwar die Praxis durch Aufstellung der nicht privilegierten Querel abgeholfen, die erstere bleibt aber aufrecht. So hat denn auch das Wechselrecht, das Handelsrecht und die modernen Partikulargesetzgebungen, sowie das Einführungsgesetz zur Reichszivilprozess-Ordnung § 17 (Arndts § 281. 13. Aufl.), die querela nicht zur Anwendung kommen lassen, beziehungsweise abgeschafft oder auf ein sehr beschränktes Mass reduziert. — Die qu. n. n. p. gehört hierher, weil sie vom Gesichtspunkt des Schuldners, der als wirtschaftlich schwächer angesehen wird und es ja in der Regel auch zu sein pflegt, ausgehend, denselben vor der Habgier des Gläubigers schützen will, selbst wenn er unvorsichtig gewesen war. Was dann an weiteren Rechtssätzen sich an dieses Schutzmittel ansetzt, ist hier ohne tiefer reichendes Interesse.

Unter den die Schuldner begünstigenden Bestimmungen ist auch die durch eine lex Julia eingeführte cessio bonorum zu erwähnen. Die Strafe der Sklaverei und Infamie wurde hiedurch für den durch Unglücksfälle verarmten Schuldner dann vermieden, wenn er sein ganzes Vermögen abzutreten bereit war. Dem Schuldner, der von der cessio bonorum Gebrauch machte, stand das beneficium competentiae zu; es musste ihm, wie dies auch ganz modernen Exekutionsgesetzen entspricht, der notwendige Lebensunterhalt gelassen werden; er konnte nur in quantum facere potest, condemnirt werden, ne egeat. (l 173 D. de div. reg. jur. 50. 17.)

Ferner gehört hierher das Verbot des Anatocismus[155], das Justinian noch verschärfte durch seine Bestimmungen in 1 28 C. de usuris 4. 32; danach wurde der Ausweg abgeschnitten durch eine Novation solch' rückständige Zinsen wiederum zinsfähig zu machen: Ut nullo modo usurae usurarum a debitoribus exigantur et veteribus quidem legibus constitutum fuerat, sed non perfectissime cautum. Si enim usuras in sortem redigere fuerat concessum et totius summae usuras stipulari, quae differentia erat debitoribus, qui re vera usurarum usuras exigebantur? ... Quapropter hoc apertissima lege definimus nullo modo licere cuidam usuras praeteriti vel futuri temporis in sortem redigere ... Andere Zins- und Wuchervorschriften sind in Nov. 32 und 34. 1 3 C. de usur. rei jud. 7. 54, Nov. 120 cap 6. 121 c. 2, 110, 135 enthalten.[156]

Hervorhebenswert ist noch die Strafe der Infamie für den Wucherer: Improbum fenus exercentibus et usuras usurarum illicite exigentibus infamiae macula inroganda est (l 20 C. de causis ex quibus infamia alicui inrogatur. 2. 11 (12), eine Bestimmung von Diocletian und Maximian. a 290.[157]

Wie sehr die spätere Kaiserzeit bestrebt war das Los des Schuldners — gleichviel ob er eine solche Fürsorge verdiente

---

[155] L 26 § 1 D. de cond. indeb. 12. 6: Supra duplum autem usurae et usurarum usurae nec in stipulatum deduci nec exigi possunt et solutae repetuntur quemadmodum futurarum usurarum usurae. Cf. Nov. 138 und Nov. 160.

[156] Die in l 26 C. de usur. 4. 32, sowie in Nov. 110 und 106 getroffenen Bestimmungen bezüglich der pecunia trajectitia berühren uns nicht.

[157] Siehe hierzu Wallon, Histoire de l'esclavage dans l'antiquité, Paris 1847, Bd. III, p. 338 ff. Neuestens Lotmar, Der unmoralische Vertrag, Leipzig 1896, S. 30.

oder nicht —, zu lindern[158], zeigt auch l 3 § 3 C. de usuris rei iudicatae 7. 54 (Justinian): Et cum antiquitas pessimo exemplo reis quidem condemnatis laxamentum duorum mensum praestabat, fideiussores autem eorum eodem uti beneficio non concedebat, ut liceret victoribus relictis propter legem condemnatis personis a fideiussoribus eorum vel mandatoribus statim pecunias vel res in condemnatione positas exigere, huius modi acerbitatem resecantes sancimus quadrimenstres indutias, quas dedimus condemnatis, etiam ad fideiussores eorum et mandatores extendi, ne legi fiat derogatum. Cum enim interventor solvere compellatur et ipse reum coerceat ad invitam solutionem, nullum condemnatus habebat nostrae sensum humanitatis, quia per medium fideiussorem statim pecunias persolvere compellebatur. Auch die Bürgen sollen also dieselbe Zahlungsfrist haben, wie der dem Gläubiger gegenüber verurteilte Hauptschuldner, damit letzterem nicht durch den Regress nehmenden Bürgen die ihm zustehende Wohlthat vereitelt werde. Allerdings handelt es sich dabei nur um die usurae rei judicatae!

Doch nicht nur der Schuldner überhaupt, sondern auch speziell der Pfandschuldner erfreut sich der besondern Fürsorge der Gesetzgebung. Das Resultat derselben ist das Constantinische Verbot der lex commissoria beim Pfandrecht l 3 C. de pactis pignor. 8. 34: Quoniam inter alias captiones praecipue commissoriae pignorum legis crescit asperitas, placet infirmari eam et in posterum omnem ejus memoriam aboleri. Si quis igitur tali contractu laborat, hac sanctione respiret, quae cum praeteritis praesentia quoque depellit et futura probibet. Creditores enim re amissa, iubemus recuperare quod dederunt.[159]

Bekannt ist auch die Begünstigung, welche der Schuldner

---

[158] C. Th. XI. 28, insbesondere l 3.

[159] Zur lex commissoria siehe auch Maschke, Das Eigentum im Civil- und Strafrecht, 1895, S. 157.

durch die lex Anastasiana[160] erhielt.[161] Justinian änderte hieran auch noch einiges im Interesse des Schuldners: l 23 pr. C. mandati 4. 35: Anastasio divae memoriae principi iustissima constitutio conscripta est, tam humanitatis quam benevolentiae plena, ut ne quis alienum subeat debitum cessione in eum facta et amplius consequatur a debitore his, quae praestavit cessionis auctori, exceptis quibusdam casibus, qui specialiter illi sanctioni continentur sed cum hi, qui circa lites morantur eandem piam dispositionem in sua natura remanere minime concesserunt, invenientes machinationem ut partem quidem debiti venditionis titulo transferant in alium creditores, reliquam autem partem per coloratam cedant donationem, generaliter Anastasianae constitutioni subvenientes sancimus nulli licere partem quidem debiti cedere pecuniis acceptis et venditione actionum habita, partem autem donationis titulo videri transferre, sed, si voluerit pure totum debitum donare et per donationem actiones transferre, non occulte nec per artes clandestinas pecunias suscipere, publice autem simulosam donationem celebrare sed undique puram et non dissimulatam facere donationem: huiusmodi enim cessionibus non adversamur. Der § 1 diese Stelle enthält dann die Folge des Zuwiderhandelns — huiusmodi machinationem penitus amputamus, ut nihil amplius accipiat, quam ipse vero contractu re ipsa persolvit: sed omne, quod superfluum est, et per figuratam donationem translatum, inutile esse ex utraque parte censemus, ut neque ei qui cedit actiones neque ei qui eas suscipere curavit, aliquid lucri vel fieri vel remanere, vel aliquam contra debitorem vel res ad eum pertinentes esse utrique eorum actionem. —

[160] Abträgl. Urteil darüber siehe bei Dankwardt, Nationalök. und Jurisprudenz, VI. Heft, S. 86 ff. Dagegen erklärt m. E. mit Recht Hartmann im Archiv für civ. Praxis, Bd. 73, S. 354, dass der lex Anastasiana ein weiser und wohlthätiger Zweck zu Grunde lag, wenn auch der Weg, den sie zur Erreichung des Zweckes einschlug, ein „ungeschickt gewählter" war.
[161] L 22 C. mandati 4. 35.

Dass der Schuldner sich dann durch datio in solutum von seiner Schuld befreien konnte, wenn der Gläubiger damit einverstanden war, ist bereits älteren Datums. Durch nov. 4. cap. 3 wurde von Justinian jedoch das sog. benef. dationis in solutum eingeführt. Danach konnte ein zahlungsunfähiger Schuldner einer Geldsumme, der für seine Grundstücke keine Käufer fand, seine Gläubiger nöthigen, diese Grundstücke an Zahlungstsatt anzunehmen — eine weitgehende Begünstigung des Schuldners, wenn auch der Gläubiger das Wahlrecht unter den verschiedenen Grundstücken, die vorhanden waren, hatte.[162]

Besonders wichtig sind unter den Erleichterungen, die dem Schuldner zu teil wurden, die seit Konstantin vorkommenden Moratorien, welche ursprünglich dahin gingen: ne iudicati detrahantur in carcerem: hierüber sagt 1 1 C. qui bonis cedere possunt 7. 71: Qui bonis cesserint, nisi solidum creditor receperit, non sint liberati. In eo enim tantum hoc beneficium eis prodest, ne iudicati detrahantur in carcerem. Die Vermögensabtretung schützte den Schuldner also nur vor der Gefangenschaft. L. 8 pr. und § 1 C. quib. ced. possunt 7. 71 erwähnt des Moratoriums wie folgt: Cum solito more a nostra majestate petitur, ut ad miserabilis cessionis bonorum homines veniant auxilium et electio detur creditoribus vel quinquennale spatium eis indulgere vel bonorum accipere cessionem, salva eorum videlicet existimatione et omni corporali cruciatu semoto: quotidie dubitabatur, si quidam ex creditoribus voluerint quinquennales dare indutias, alii autem iam nunc cessionem accipere velint, qui audiendi sunt. In tali itaque dubitatione minime putamus esse ambiguum, quod sentimus et quod humaniorem sententiam pro duriore elegimus. Et sancimus, ut vel ex cumulo debiti vel ex numero creditorum causa iudicetur. In den darauf folgenden Paragraphen dieser Stelle folgt dann die diesbezügliche genauere Auseinandersetzung.

---

[162] Cf. Nov. 120, cap. 6, § 2. Dazu Dernburg, Pandekten, II. (5. Aufl.), S. 165, Anm. 8.

Als einen wirtschaftlich Schwächern betrachtet das römische Kaiserrecht auch den Pächter dem Verpächter gegenüber und hat, wenn auch nur zum Teil, darin Recht. Hier gelten die Bestimmungen der l 15 D. locati 19. 2, welche im § 2 sagt: Si vis tempestatis calamitosae contigerit, an locator conductori aliquid praestare debeat, videamus. Servius omnem vim, cui resisti non potest, dominum colono praestare debere ait, ut puta fluminum graculorum sturnorum et si quid simile acciderit aut si incursus hostium fiat: si qua tamen vitia ex ipsa re oriantur, haec damno coloni esse, veluti si vinum evacuerit, si raucis aut herbis segetes corruptae sint ...... hierauf folgen noch viele Einzelfälle, die der Jurist aufzählt. Mit dem Gesichtspunkt, dass den Eigentümer etwa doch eher der Schaden zu treffen habe, als den Pächter, hat diese Begünstigung nichts zu thun, sonst müssten nicht gerade die vitia ex ipsa re den Pächter treffen. In l 8 C. de locato 4. 65 ist die Sache nicht geändert, aber auf ein einheitliches Prinzip zurükgeführt: Licet certis annuis quantitatibus fundum conduxeris, si tamen expressum non est in locatione aut mos regionis postulat, ut si qua labe tempestatis vel alio caeli vitio damna accidissent, ad onus tuum pertinerent et quae evenerunt sterilitates ubertate aliorum annorum repensatae non probabuntur, rationem tui iuxta bonam fidem haberi recte postulabis eamque formam qui ex appellatione cognoscat sequetur.

Von der Stellung der Zeitpächter auf kaiserlichen Gütern handelt l 5 § 7 C. de loc. praed. 11. 71. (70), die freilich nicht unzweideutig ist. His (Domänen S. 90) versteht sie von einem reinen Willkürakt: Man solle dem Pächter das Gut wegnehmen, wenn ein anderer besseren Pachtschilling bietet. Das ist nun wohl nicht gesagt: Si vero pro tali praedio ab altero conductore offeratur augmentum, sit in arbitrio conductoris prioris, cui res ad tempus locata est, ut, si ipse, quod alter adiecit obtulerit, maneat penes eum temporalis illa conductio. Ungezwungen verstanden sagt diese Stelle vielmehr, der alte Pächter solle bleiben dürfen, wenn er ebensoviel bietet, wie der neue Konkurrent. Bezieht sich das nun auf ein Auftreten des letzteren während der Pachtperiode, dann kommt es freilich auf eine Brutalität hinaus, die das bedeutet, was His darin findet, falls der alte Pächter ebensoviel nicht geben kann. Aber die Stelle kann auch bezogen werden — und deshalb führen wir sie hier an — auf ein Auftreten des Konkurrenten nach der Pachtperiode d. h. für eine neue Periode; und dann ist, was die Stelle enthält, vielmehr ganz human: Stabilität des Pächters zugleich im eigenen wohlverstandenen Interesse des Herrn. Hier sei auch des Emphyteuta gedacht. L 2 § 2 Cod. de emphyteutico iure 4. 66 bestimmt: Ne autem ex hac causa dominis facultas oriatur emphyteutas suos repellere et reditum minime velle suscipere, ut ex huiusmodi machinatione triennio elapso suo jure is, qui emphyteusim suscepit cadat, licentiam ei concedimus attestatione praemissa pecunias offerre hisque obsignatis et secundum legem depositis minime deiectionis timere periculum. Und l 3 § 1 C. eod: Sed ne hac occasione accepta domini minime concedant emphyteutas suos accipere pretia meliorationum quae invenerint, sed eos deludant et ex hoc commodum emphyteutae depereat, disponimus attestationem domino transmitti et praedicere, quantum pretium ab alia re vera accipit. Ferner verfügt l 3 § 4 eod.: Et ne avaritia tenti domini magnam molem pecuniarum propter hoc efflagitent, quod usque ad praesens tempus perpetrari cognovimus, non amplius eis liceat pro subscriptione vel depositione nisi quinquagesimam partem pretii vel aestimationis loci, qui ad aliam personam transfertur, accipere — durchaus Bestimmungen, welche den Emphyteuta dem wirtschaftlich doch weitaus besser gestellten Herrn gegenüber zu schützen beabsichtigen.[163]

Zum Schlusse sei hier noch die societas erwähnt. Dass eine solche auch vorhanden sein kann, wenn der eine socius

---

[163] Siehe auch Nov. 7, cap. 3.

das Geld, der andere bloss die Arbeit als Einlage giebt, spricht l 1. C. pro socio 4. 37 mit den Worten aus: Societatem uno pecuniam conferente alio operam posse contrahi magis obtinuit. Daraus geht aber auch hervor, dass es nicht ganz unbestritten war. In dieser Möglichkeit, sich mit seiner Arbeitskraft zu beteiligen, liegt aber nicht nur eine Anerkennung der Arbeit als solcher und als wirtschaftlicher Macht (s. auch Oertmann a. a. O. S. 124) — bekanntlich im römischen Recht nicht so hochgestellt und als Grundprinzip des Erwerbes angenommen, wie im germanischen —, sondern es liegt darin auch für den ärmeren, den wirtschaftlich Schwächern die Gelegenheit, sich durch seine Arbeit an wirtschaftlich einträglichen Unternehmungen zu beteiligen.[164] Dass auch dieser Gedanke mitgespielt haben mag — wenigstens in der Argumentation der Juristen — dafür spricht Ulpians Aeusserung in l 5 § 1 D. pro socio 17. 2: Societas autem coiri potest et valet etiam inter eos, qui non sunt aequis facultatibus, cum plerumque pauperior opera suppleat, quantum ei per comparationem patrimonii deest...

Im Erbrecht findet sich in Nov. 53 c. 6 und Nov. 117 c. 5 die Bestimmung, dass der armen Witwe, also einer gewiss wirtschaftlich Schwachen, falls sie bis zum Tode des Erblassers mit ihm in rechtsbeständiger Ehe gelebt hat, ein Viertel vom Vermögen ihres wohlhabenden Gatten zufallen soll.[165] Die An-

---

[164] Siehe Endemann, Studien in der romanisch-kanonistischen Wirtschafts- und Rechtslehre, I. Bd., Berlin 1874, S. 344. — Die späteren Zweifel über die Zulässigkeit eines solchen Geschäftes, wo der eine der socii Geld, der andere seine Arbeit als Einlage giebt, entstanden infolge des Dogmas von der Unfruchtbarkeit des Geldes und interessieren uns nicht weiter. Hierüber Endemann a. a. O. S. 360 ff.

[165] Manche Schriftsteller wollen der armen Witwe diesen Anspruch nur zugestehen, wenn sie überhaupt keine dos habe, z. B. Sohm, Instit., 2. Aufl., S. 394. Dass ihr der Anspruch dann zu verweigern ist, wenn an sie die dos zurückfällt oder sie sonst vor Not durch Vermögen geschützt ist, ist klar; denn für Justinian war (nach Windscheids Worten) der leitende

schauung über die Ehe und die Selbständigkeit der Vermögen beider Ehegatten hatten sich nicht geändert, die Bestimmung ist also eine solche, die auch in unserem Zusammenhang angeführt werden muss. Weiter ist zu unserem Thema gehörig die auf das alte Recht zurückgehende Bestimmung der l 2 C. de patribus qui filios distraxerunt 4. 43, eine Bestimmung von Constantin: Si quis propter nimiam paupertatem egestatemque victus causa filium filiamve sanguinolentos vendiderit, venditione in hoc tantummodo casu valente, emptor obtinendi eius servitii habeat facultatem.[166] (Siehe übrigens auch l 1 C. Th. 3. 3.) Die Begünstigung des wirtschaftlich Schwachen führte auch zu einer vom alten Recht abweichenden Auffassung. Das alte Recht verlangte bekanntlich, dass die zum Erben eingesetzte Person eine certa sei. Wenn nun generell den Armen etwas hinterlassen wurde, oder den Gefangenen zum Zwecke ihrer wiederzuerlangenden Freiheit, so würde dies ursprünglich nicht giltig gewesen sein, weil diese Personen nicht certae gewesen wären. Anders Justinian; er bestimmt in l 1 § 29 C. de incert. person. 6. 48: Et quod pauperibus relictum est, non videri incertum esse.[167]

Und in l 48 (49) pr. C. de episcop. et cleric. 1. 3 bestimmt gleichfalls Justinian: Si quis ad declinandam legem Falcidiam, cum desiderat totam suam substantiam pro redemtione captivorum relinquere, eos ipsos captivos scripserit heredes, ne videatur

---

Gedanke der Begriff des Mangels und nicht der Begriff der dos. Auch m. E. ist die Dürftigkeit das entscheidende. Siehe Köppen, Lehrbuch des Erbrechts, S. 688, und über die Literatur in dieser Frage Windscheid, Pand. 3. Bd., S. 136 und neuestens Schiffner, Die sog. gesetzl. Vermächtnisse, Leipzig 1895, S. 61. Die vielfach bestrittene rechtliche Natur dieses Anspruches ist für unsere Frage irrelevant.

[166] Das Interesse, welches die Anthropologie mit Grund an diesem Rechtssatz nimmt, kann hier nicht weiter verfolgt werden.

[167] Siehe auch § 26 eod: Et de iis quae perpetuo petuntur relicta ecclesiis xenonibus vel ptochiis vel venerabilibus domibus vel universitati totius cleri vel ad redemptionem captivorum vel ipsis pauperibus vel captivis.

quasi incertis personis heredibus institutis judicium suum oppugnandum reliquisse, sancimus huius talem institutionem pietatis intuitu valere et non esse respuendam. Sed et si pauperes quidem scripserit heredes et non inveniatur certum ptochicum vel certae ecclesiae pauperes, de quibus testator cogitaverit, sed sic incerto vocabulo pauperes fuerint heredes instituti, simili modo et huiusmodi institutionem valere decernimus.

VII.

Abgesehen von den oben angeführten Bestimmungen des römischen Kaiserrechtes, finden sich noch mehrfach Vorschriften, die den Schutz des wirtschaftlich Schwächeren bezwecken und bewirken; manche dieser Vorschriften sind nicht mit Rücksicht auf die wirtschaftlich Schwächeren erlassene allgemein gültige Gesetze, sondern Ausnahmsbestimmungen.

Hier sind nun noch des weiteren zu erwähnen: L. 6 D. si cui plus quam per leg. Falc. 35. 3: Cum non facile satisdationem offerre legatarius vel fideicomissarius possit et futurum sit ut propter hoc a petitione liberalitatis ex testamento submoveantur, numquid onus satisdationis eis remittendum erit? Quod videtur adjuvari rescripto divi Commodi in haec verba: Is cuius de ea re notio est aditus si compererit ideo cautionem a te exigi, ut a fideicommissi petitione avertaris, onus satisdationis tibi remitti curabit.

Und 1 2 § 9 D. de collat. bon. 37. 6: Si per inopiam emancipatus cavere non possit, non statim ab eo transferenda est possessio, sed sustinendum, donec possit invenire fidejussores, ut tamen de his, quae mora deteriora futura sunt, his qui in potestate sunt, actio detur, ipsique caveant in medium collaturos, si cautum eis fuerit.

Oder 1 6 § 1. C. de his qui numero lib. vel paup. excus, 10. 52 (51) Quod si quis propter censum tenuiorem vacationem meruerit atque hoc probaverit, beneficio potiatur, si propter rerum angustias ad personalia vocatur obsequia.

Da Alimente meist ärmeren Leuten gewährt werden, so erfreuen sich dieselben in der römischen Kaiserzeit einer besondern Fürsorge und Begünstigung. Erbunfähige können mit Alimenten bedacht werden l 11 D. de alim. 34. 1; eine allgemein erklärte Zurücknahme von Vermächtnissen, bezieht sich im Zweifel nicht auf Alimente l 18 § 3 D. eod. Der mit Alimenten beschwerte Vermächtnisnehmer kann, wenn er auch selbst sich vom Erben wegen der quarta Falcidia Abzüge gefallen lassen muss, dem zu Alimentierenden keinen Abzug machen. L 77 § 1 D. de leg. 31. Insbesondere ist nach l 3 C. de compens. 4. 31 die Kompensation ihnen gegenüber ausgeschlossen. Genauer: Wer Alimente schuldet, muss diese Alimente bezahlen, auch wenn diese seine Schuld an sich kompensabel wäre mit der Schuld der Stadt ihm gegenüber; die Alimentenschuld wird behandelt, wie gewisse Schulden publici juris: in ea quae rei publicae te debere fateris, compensari ea quae ob eadem tibi debentur, is, cuius de ea re notio est, jubebit, si neque ex calendario, neque ex vectigalibus, neque ex frumenti vel olei publici pecunia, neque tributorum neque alimentorum.... civitatis debitor sis.

Seit Hadrian werden auf Alimente bezügliche Bestimmungen für den Alimentationsberechtigten günstiger ausgelegt, als dies früher der Fall war, so bezüglich der Dauer desselben.

L 14 D. de alimentis 34, 1. Mela ait, si puero vel puellae alimenta relinquantur, usque ad pubertatem deberi. Sed hoc verum non est: tamdiu enim debebitur donec testator voluit, aut si non paret quid sentiat, per totum tempus vitae debebuntur.

Ulpian, von dem diese Stelle herrührt, interpretiert schon viel günstiger für den Alimentierten, als dies der ältere Jurist Mela gethan hat. § 1 der Stelle fährt fort: Certe si usque ad pubertatem alimenta relinquantur, si quis exemplum alimentorum, duae dudum pueris et puellis dabantur, velit sequi, sciat Hadrianum constituisse, ut pueri usque ad decimum octavum, puellae usque ad quartum decimum annum alantur et hanc formam ab Hadriano datam observandam esse imperator noster rescripsit. Sed etsi generaliter pubertas non sic definitur, tamen pietatis intuitu in sola specie alimentorum hoc tempus aetatis esse observandum non est incivile.[168]

Dass die römische Kaiserzeit auch besondere Sorge den verschiedenen Instituten zur Pflege von Armen und Kranken zuwendete, ist bekannt. Hierher gehören die zahlreichen auf christlichen Einfluss zurückzuführenden begünstigenden Bestimmungen bezüglich der Brephotrophien, Anstalten zur Ernährung und Erziehung armer Kinder, der orphanotrophisen Waisenhäuser, Xenodochien, Hospitäler, Ptochotrophien, Armenhäuser und Gerontocomien Hospitäler speziell für alte Leute, so in 1 48 (49). C. de episcop. 1. 3. 1 34 (35) C. de episcop. 1. 3, 1 22 und 1 23. C. de sacros. eccl. 1. 2. 1 19 C. de sacros eccl. 1. 2. u. a. m.[169]

Und wurden einerseits derartige Institute begünstigt, so wurden andererseits auch ärmeren Klassen Exemtionen von staatlichen Lasten gewährt, da dem Staate an ihrer möglichsten Erhaltung gelegen war. Insofern haben diese Begünstigungen zwar ihre Basis nicht in der Idee einer ausgleichenden Gerechtigkeit, sondern sie beruhen auf egoistischen Motiven, aber wosofern die Idee, den wirtschaftlich Schwachen zu schützen, so allgemein war, wie dies in der späteren Kaiserzeit der Fall gewesen, kann man wohl diese Begünstigungen nicht ausschliesslich auf Egoismus zurückführen und sie gehören daher auch in unseren Zusammenhang.

---

[168] Bez. der Alimente siehe auch 1 25 pr. und § 4 C. de sacrosans eccl. 1. 2 und für einen Spezialfall betreffend die ecclesia Mysiae Nov. 65 (nicht gloss.), welche den Verkauf von terrulae, domus, vineae, überhaupt res immobiles erschwert, falls sie zur Alimentation von Armen hinterlassen sind.

[169] Siehe Brinz, Pandekten, 1. Aufl., II., S. 1055; Burckhardt, Die Zeit Constantins des Grossen, S. 381.

„Dass uneigennützige Freude an dem Wohle des Nächsten dem Altertum fremd war und alle menschenfreundlichen Thaten der vorchristlichen Zeit auf Eitelkeit oder Eigennutz zurückzuführen sind, ist eine Behauptung, welche bei unparteiischer Einsicht in die Quellen schwerlich aufrecht erhalten werden kann".[170] Hierher gehören die Bestimmungen bezüglich. des agricola in l 1 C. de agric. censit. vel colonis 11. 48: Numquam rationibus vel colligendis frugibus insistens agricola ad extraordinaria onera trahatur, cum providentiae sit opportuno tempore his necessitatibus satisfacere. L 1 C. in quibus causis 11, 50 (49) Quisquis colonus plus a domino exigitur, quam ante consueverat, et quam in anterioribus temporibus exactus est, adeat iudicem cuius primum poterit habere praesentiam et facinus comprobet, ut ille qui convincitur amplius postulare, quam accipere consueverat, hoc facere in posterum prohibeatur, prius reddito quod superexactione perpetrata noscitur extorsisse.

Hieher gehören auch die nicht seltenen Versuche späterer Kaiserzeit, die Steuererlasse gerechter zu verteilen, wie uns dies vorzüglich — um ein Beispiel zu nennen — in l 13 C Th. 13. 11 entgegentritt: Loca quae praestationem suam implere non possunt, praecipimus adaequari, ut quid praestare possint, mera fide et integra veritate scribatur, id vero, quod impossibile est, e vasariis publicis auferatur. Et primo quidem veteribus dominis adscribi praedia ipsa conveniet; quorum si personae eorum heredes non potuerint reperiri, vicinos vel peregrinos volentes, modo ut sint idonei, dominos statuendos esse censemus. In tantum autem omnium animos beneficiis provocamus, ut id, quod defectae possessioni inspectoris arbitrio adscribitur, biennii immunitate relevetur, ut nec idonea praedia alterius glebae sarcina in posterum praegraventur. Weiter kam es vor, dass durch ein besonderes Verfahren (adjectio) ertragsunfähige Grundstücke

---

[170] Leonhard, a. a. O. S. 164.

den Nachbarn zugeteilt wurden und man sie so zwang für die Steuer dieser Gründe aufzukommen. Solchen Bedrückungen gegenüber wurde nun den Aufsichtsbeamten der Befehl erteilt, die übermässig belasteten Güter zu erleichtern durch Wegnahme solcher unfruchtbarer Parzellen, Herabsetzung des Pachtschillings u. dgl. (Siehe hiezu His Domänen S. 85 ff.) Die Verweisung auf das bisher übliche als Richtschnur auch für die Zukunft findet sich — wie wir es ja schon bei den Preisregulierungen gefunden haben — gleichfalls in der nicht glossierten Novelle 122 cap. 1: *κελεύομεν (δὲ) καὶ τοὺς τὰς μετρήσεις τῶν οἰκοδομικῶν καὶ γεηπονικῶν καὶ τῶν ἄλλων ἔργων ποιοῦντας μηδὲν πλέον λογίζεσθαι τοῖς ἐργαζομένοις, ἀλλὰ καὶ αὐτοῖς τὴν ἀρχαίαν συνήθειαν φυλάττειν· ταῦτα δὲ παραφυλάττειν κελεύομεν καὶ τοὺς ἐπιτάττοντας οἱ ἀδήποτε ἔργα ἢ καί τινα εἴδη ὠνουμένους. οὐδὲ γὰρ αὐτοῖς ἐξεῖναι πλέον τοῦ ἔθους τοῦ διατεταγμένου παρέχειν συγχωροῦμεν. γινωσκόντων τῶν πλέοντι τῆς παλαιᾶς συνηθείας ἐπιζητούντων, ὡς τριπλασίονα ποσότητα εἰςκομίσαι τῷ δημοσίῳ ἀναγκασθήσονται, εἰ παρὰ τὸ ἐξ ἀρχῆς διατεταγμένον λαβόντες ἢ δεδωκότες φανείησαν.*[171]

Eine wichtige Frage ist die nach der Behandlung, welche die Provinzen in der Kaiserzeit erfuhren. Während sie in den Zeiten der Republik meist in schamlosester Weise ausgebeutet worden waren, trat in dieser Beziehung in der Kaiserzeit eine Besserung ihrer Lage ein.

Dass die Motive hierbei nicht frei von Egoismus gewesen sind, zeigt der bekannte Ausspruch des Tiberius an seine Gouverneure: boni pastoris est, tondere pecus, non deglubere[172] Immerhin aber erliessen die Kaiser mannigfache Bestimmungen, durch welche der Aussaugung der Provinzialen entgegenge-

---

[171] Die für gewisse Zeit den subjecti gewährten Nachlässe der indictio sind nur gelegentliche Massregeln. Darüber Nov. 147 und 148 und zahlreiche Stellen des Codex Theodos.
[172] Suet. Tib. 32. cf. Dio 57. 10.

treten[173] und solche, durch welche dieselbe verhütet wurde. Zu der ersten Kategorie gehören die Bestimmungen, auf welche l 3 C. si cert. pet. 4. 2 verweist: Eos qui officium administrant, neque per se, neque per suppositas personas tempore officii in provincia fenus agitare posse, saepe rescriptum est; ferner l 1 C. Th. XI. 2: Scias inhibitam esse apochandi licentiam, ita ut ne ex praesenti aut futuro vel praeterito sub hoc titulo nummus a provincialibus postuletur, sowie Vorschriften, wie die in l 11 C. Th. XI. 16 enthaltene: Nihil a provincialibus extraordinaria patimur indictione deposci. Caveat igitur magnifica auctoritas tua ne praeter ea, quae a mansuetudine nostra patuerit indicta tenuiorum oneret functionem, ut si quis usurpatoria temeritate amplius aliquid fuerit conatus exigere, obnoxius quadrupli repetitione teneatur . . .[174]; zu den letzteren die Verfügungen über die Gehalte der Statthalter[175], die Vorschriften, wodurch die Uebelstände, welche das Requisitionsrecht der Statthalter hervorrief, abgeschwächt wurden u. a. m. Ueberhaupt wurden den Statthaltern manche Zweige der Verwaltung und damit manche Gelegenheit die Provinzialen zu bedrücken, abgenommen, strenge Erpressungsprozesse durchgeführt und dergl. Kurz präventive, prophylaktische Massregeln ergriffen, welche das Loos der Provinzialen verbesserten.[176] —

Haben wir an vielen Punkten gesehen, dass das Leben in der römischen Kaiserzeit in gewisser Beziehung mit den heutigen Lebensverhältnissen verglichen werden kann, haben wir dementsprechend auch konstatieren können, dass sich in den rechtlichen Bestimmungen manche Uebereinstimmung vorfindet und dass insbesondere in der Kaiserzeit die Tendenz der Gesetzgebung eine solche war, die gleich den modernen Gesetz-

---

[173] Z. B. Nov. 30, cap. V.
[174] Siehe auch l 23 C. Th. 7. 4, l 1 C. Th. 11. 10, l 1 C. Th. 11. 11 u. a. m.
[175] Mommsen, Staatsrecht I., S. 241.
[176] Siehe hierzu Bruder, Zur ökon. Charakteristik des röm. Rechts, in der Zeitschrift für die ges. Staatswissenschaft, Bd. 32, S. 646.

gebungen bestrebt ist, den wirtschaftlich Schwächeren ihren Schutz angedeihen zu lassen[177], so können wir dies Bild nicht besser abschliessen, als indem wir darauf verweisen, dass den Römern der Kaiserzeit auch der Gedanke geläufig war und praktisch gehandhabt wurde, der den modernen Associationen wirtschaftlich Schwacher zu Grunde liegt[178]. „Das Hauptmittel die Kleinen zum Konkurrenzkampfe mit den Grossen zu stärken, besteht in der Association"[179].

Ein in der Zeit zwischen Augustus und Hadrian erlassenes Senatusconsult erlaubte den ärmeren Bürgern zu gegenseitiger Unterstützung Kassenvereine zu bilden. Dieses sind die collegia tenuiorum[180]; ähnlich diesen Vereinen sind die collegia funeraticia[181].

---

[177] Nennt doch schon Rodbertus gelegentlich (Hildebrands Jahrb. 1864, S. 263 und 267) die spätere kaiserliche Legislation eine fortdauernde Erhebung der unteren Klassen; allerdings leitet er es aus der Natur des Cäsarismus ab. Doch verschlägt dies nichts für unsere Frage.

[178] Hatte einerseits der Staat sich der wirtschaftlich Schwächern angenommen, so lagen hier Fälle der Selbsthilfe vor.

[179] Roscher, Politik, S. 569.

[180] Die Natur derselben ist allerdings bestritten. Siehe die folgende Anmerkung. Die hier gegebene Darstellung scheint mir jedoch bisher nicht widerlegt. Siehe übrigens wider dieselbe Merkel im Handwörterbuch der Staatswissensch., hgg. v. Conrad, S. 850 und Liebenann a. a. O. S. 128.

[181] C. J. L. 14. 2112, Zeile 18. Mommsen, de colleg. et sodaliciis Kiliae 1843, will allerdings behaupten, die colleg. tenuiorum seien mit den collegia funeraticia identisch. Wider diese Ansicht hat sich schon Cohn ausgesprochen (Vereinsrecht S. 100—135), der seinerseits wieder die colleg. tenuiorum als eine Art von Militärvereinen ansieht. Die m. E. richtige Anschauung vertreten Loening, Deutsches Kirchenrecht, Bd. I, 1878, S. 205—207, und Mauć, Die Vereine der fabri, centonarii und dendrophori im röm. Recht, Wissensch. Beilage zu der Einladungsschrift etc., Frankfurt 1886. Siehe zu dieser Lehre auch Drumann, Die Arbeiter und Communisten in Griechenland und Rom, S. 152 ff. Herzog, Geschichte und System der röm. Staatsverfassung, II. Bd., S. 386 ff.; Pernice, Labeo I., S. 305 ff. auch S. 467; Gierke, Die Staats- und Korporationslehre des Altertums und des Mittelalters (III. Bd. des deutschen Genossenschaftsrechtes), Berlin 1881, S. 83, und Merkel im Handwörterbuch der Staatswissenschaften, S. 850, der

Es gehörte nämlich zu den Zwecken dieser Kassenvereine auch die Hülfe bei Sterbefällen. Den collegiis tenuiorum konnte, wie jedem andern erlaubten Vereine eine solche Unterstützung nicht verwehrt sein, da es ja durch ein generelles Senatusconsult seit Hadrian gestattet war, solche Vereine zum Zweck der Unterstützung bei Sterbefällen zu gründen. So konnte denn auch einem bereits zu Recht bestehendem Kolleg nicht verboten sein, seinen Mitgliedern bei Sterbefällen die gleiche Wohlthat zu erweisen, wenn man bedenkt, dass jeder — wahrscheinlich aus polizeilichen Gründen — nur einem Kollegium angehören durfte, 1 1 § 2 D. de colleg. 47. 22. Non licet autem amplius quam unum collegium licitum habere, ut est constitutum et a divis fratribus: et si quis in duobus fuerit, rescriptum est eligere eum oportere, in quo magis esse velit, accepturum ex eo collegio a quo recedit, id quod ei competit ex ratione, quae communis fuit. Cf. l 7 C. Th. 14. 4 u. l 2 C. Th. 14. 3. Siehe Liebenam a. a. O. S. 133. Aus demselben Grunde, weil man nur einem Kollegium angehören durfte, dürften jedem einzelnen collegium tenuiorum mit der Zeit nur Arbeiter eines und desselben Gewerbes angehört haben. Ursprünglich dagegen dürften die colleg. tenuiorum, als σύνοιτοι, confrumentales, also als eine Art von Konsumvereinen gedient haben und nebstbei auch den Zweck gehabt haben, die Mitglieder anderweitig zu unterstützen, zu welchen Unterstützungsfällen dann auch der Zweck der colleg. funeraticia gezählt wurde.

l. 1 pr. D. de colleg. 47. 22 äussert sich über die colleg. tenuiorum, in welche nach l 3 § 2 h. t. mit Zustimmung ihrer Herren auch Sklaven aufgenommen werden konnten: Mandatis principalibus praecipitur praesidibus provinciarum ne patiantur esse collegia sodalicia, neve milites collegia in castris habeant. Sed permittitur tenuioribus stipem menstruam conferre, dum

---

diesen Collegien keine so weitgehenden Aufgaben zuschreibt; Lyskowski, Die collegia tenuiorum der Römer Inaug. Diss. S. 12, 33, 42.

tamen semel in mense coeant, ne sub praetextu huius modi illicitum collegium coeat. Quod non tantum in urbe, sed et in Italia et in provinciis locum habere divus quoque Severus rescripsit. Alexander Severus, der das corpus pistorum, fabrorum, naviculariorum und corpora omnium artium ausgebildet hatte, hat also die Bestimmungen über die collegia tenuiorum auch Italien und den Provinzen zugänglich gemacht; allerdings beherrscht von der damaligen Furcht Kollegien überhaupt gegenüber, es könne sich eine verbotene Vereinigung zu unerlaubten Zwecken dahinter verbergen. Auch die den collegiis tenuiorum nahestehenden Handwerkervereine hatten den Zweck, die einzelnen Mitglieder zu fördern und sie zu unterstützen, insbesondere auch bei Sterbefällen. Die tenuiores in solchen Vereinen erfreuten sich dann auch gewisser Privilegien, wie dies 1 6 (5) § 12 D. de jure immun. 50. 6 bezeugt: sed ne quidem eos qui augeant facultates et munera civitatium sustinere possunt, privilegiis, quae tenuioribus per collegia distributis concessa sunt, uti posse, plurifariam constitutum est.

Während aber die collegia tenuiorum allgemein erlaubt waren, wurden die Handwerkervereine, eben infolge der Furcht vor Konspirationen von den Kaisern zurückhaltender bewilligt.[182]

Überhaupt erblickten im allgemeinen vom 2. Jahrhundert an die Kaiser „in der zunftgemässen Organisation der Handwerker eine bequeme Massregel, um öffentliche Lasten und Leistungen einer Gesamtheit aufzuerlegen und sie so im Interesse des Staatshaushaltes dienstbar zu machen, zugleich aber auch, um durch zwangsweise hergestellte Korporationen die erschreckend grosse Zahl von nur konsumierender beschäftigungsloser Bevölkerung zu vermindern und die Zahl der produzierenden Klassen zu erhöhen."[183]

Dass die Soldaten sich besonderer kaiserlicher Fürsorge er-

---

[182] Mommsen de colleg. S. 87 ff., Zeitschr. für gesch. Rechtswissenschaft XV., S. 359; Schiess, Die röm. collegia funeraticia, Mannheim 1888.
[183] Maué a. a. O. S. 47.

freuten, dass sie von den Kaisern reichlich beschenkt wurden, ist bekannt. Die Veranlassung zu militärischen Vereinen lag nun oft in solchen kaiserlichen Spenden. Allerdings waren, wie l 1 pr. D. de coll. 47. 22 bezeugt, die Kollegienbildung activen Soldaten verboten; die Inschriften lehren uns aber doch (C. I. L. VIII. 2557), dass in dieser Hinsicht Ausnahmen vorgekommen seien, und dass nicht nur die Veteranen sich der Associationsfreiheit erfreuten. Diese militärischen Vereine waren nun nach Art der Versicherungsgesellschaften auf Gegenseitigkeit organisiert und boten ihren Mitgliedern Unterstützungen für gewisse Zwecke. So bei Seereisen, beim Aufrücken in eine höhere Charge, beim Ableben eine Art von Lebensversicherungssumme, beim Verlust der Charge eine Entschädigung u. a. m. Insofern als sich hierin derselbe Gedanke ausdrückt, wie bei den übrigen oben genannten Vereinigungen, gehören diese Fälle gewiss in unseren Zusammenhang. Ein wichtiger, hier zu erwähnender Fall dieser Art ist der im Jahre 203 gegründete Verein von Soldaten geringerer Chargen, vermutlich Gemeiner, das corpus legionis III Augustae Piae Vindicis, also der 3. Legion, welche ihr Standquartier in Lambesis hatte. Dafür, dass diese Vereinigung auf kaiserliche Spende zurückzuführen ist, spricht die Widmung an den Kaiser.[184]

Wir finden also auch hier einen Gedanken bereits in der römischen Kaiserzeit, entsprechend den damaligen Lebensverhältnissen, ausgedrückt, welcher in moderner Zeit zu grosser und berechtigter Blüte gekommen ist, den Gedanken der Association wirtschaftlich schwächerer Personen zur Beschaffung billiger Lebensmittel, zur Unterstützung in schwierigen Lebenslagen.

Wenn wir nach alledem uns fragen, ob in Bezug auf den Schutz des wirtschaftlich Schwächeren zwischen einst und heute

---

[184] Siehe Cohn, Zum röm. Vereinsrecht, Berlin 1873, S. 127 ff.; Merkel im Handwörterbuch der Staatswissenschaften, hgg. von Conrad, II., S. 851.

Ähnlichkeit besteht, so werden wir dieselbe bezüglich des Zweckes, des Zieles, zugeben müssen, wenn auch die Mittel zur Erreichung des Zieles nur zum Teil identisch sind mit den heute zur Anwendung gebrachten.[185] Wir werden aber auch sagen müssen, dass diese Bestrebungen römischer Kaiserzeit sich langsam herausgebildet haben, dass sie in ihren Mitteln vielfach verfehlt waren. Insbesondere aber, dass im Rom der Republik durch Land- und Kornverteilungen der wirtschaftlich Schwache geschützt wurde, dass sich durch die Fälle der Bewucherung der Schutz des wirtschaftlich Schwächeren entwickelt, der dann in der späteren Kaiserzeit zu hoher Blüte gelangte. Hier kommt dann dieselbe Zeit auch auf den ursprünglichen Gedanken zurück: sie schützt auch den wirtschaftlich Schwachen, als solchen, ob seiner Schwäche und nicht bloss vor Ausbeutung durch einen Reicheren oder Einflussreicheren.

Und so sehr wir die Ähnlichkeit zwischen einst und jetzt — trotz der wirtschaftlich grossen Verschiedenheit — betonen, dies ist der Punkt, an welchem die heutige Zeit weit über das Rom der Kaiserzeit hinausgeht: bezüglich des Schutzes des Schwachen als solchen, finden sich nur spärliche Ansätze; diesen Gedanken praktisch zu verwirklichen, blieb der modernen Gesetzgebungspolitik vorbehalten.

Ich schliesse mit den Worten Kuntzes[186]: „Angeregt zu haben zu einer allgemeinen ... Orientierung, ist der vornehmste Zweck dieser Darlegung; nichts ihrem Urheber fremder, als der Wahn, Erschöpfendes geleistet zu haben."

---

[185] Dass das neue bürgerliche Gesetzbuch fürs deutsche Reich mit dem Schutz der wirtschaftlich Schwächeren Ernst macht, zeigt es in den verschiedensten Materien.

[186] Der Wendepunkt der Rechtswissenschaft, Leipzig 1856, S. 1.

Verlag von Emil Felber in Weimar.

Thomas H. Huxley,

Sociale Essays.

Uebersetzt und eingeleitet

von

A. Tille.

Inhalt: Thomas H. Huxley von A. Tille. — Die natürliche Ungleichheit der Menschen. — Natürliche und politische Rechte. — Kapital, die Mutter der Arbeit. — Anarchie oder Bevormundung? — Staatsnihilismus. — Der Daseinskampf in der menschlichen Gesellschaft. — Ethik und Entwicklung.

Geheftet 5 M., vornehm gebunden 6 M.

Wenn ein Mann von der Bedeutung des grossen Naturforschers Huxley über Fragen spricht, die die ganze civilisierte Menschheit bewegen, so lauscht ihm die Welt. Seine hier vorliegenden „Socialen Essays" sind das Bedeutendste was seit einem Jahrzehnt auf socialwissenschaftlichem Gebiet erschienen ist, und jeder, der überhaupt den Namen Huxley kennt, ist auch Interessent dafür. Kein Gebildeter, keine Bibliothek wird das klassische Buch entbehren wollen, das wie kein zweites berufen ist, ein socialpolitisches Volksbuch zu werden.

Verlag von Emil Felber in Weimar.

John Rae,

Der Achtstunden-Arbeitstag.

Autorisirte Uebersetzung aus dem Englischen

von

Julian Borchardt.

5 M., gebunden 6 M.

August Bebel sagt über das Buch in einem langen Artikel in der Neuen Zeit 15. Jahrgg. Nr. 40 u. a.:

„. . . . Dadurch ist das Buch eine Art Kompendium über die Frage des Achtstundentages geworden, das in der Bibliothek keines socialistischen Abgeordneten, keiner Redaktion eines Arbeiterblattes oder der Bibliothek eines Arbeitervereins fehlen sollte. Wer mit Wort oder Schrift für die Verwirklichung des Achtstundentages eintreten muss, er wird in Raes Buch ein Arsenal von Thatsachen für seinen Zweck finden. . . . "